ULAWYER

策划 刘皓

食品企业法律合规实务

雷军 刘皓 主编

法律出版社
LAW PRESS · CHINA

图书在版编目(CIP)数据

食品企业法律合规实务 / 雷军, 刘皓主编. -- 北京:法律出版社, 2023
ISBN 978-7-5197-8110-1

Ⅰ. ①食… Ⅱ. ①雷… ②刘… Ⅲ. ①食品企业-企业法-研究-中国 Ⅳ. ①D922.164

中国国家版本馆 CIP 数据核字(2023)第 141911 号

食品企业法律合规实务
SHIPIN QIYE FALÜ HEGUI SHIWU

雷 军 刘 皓 主编

责任编辑 张红蕊
装帧设计 李 瞻

出版发行 法律出版社
编辑统筹 法规出版分社
责任校对 李争春
责任印制 耿润瑜
经　　销 新华书店

开本 710 毫米×1000 毫米 1/16
印张 14.25 **字数** 188 千
版本 2023 年 8 月第 1 版
印次 2023 年 8 月第 1 次印刷
印刷 固安华明印业有限公司

地址:北京市丰台区莲花池西里 7 号(100073)
网址:www.lawpress.com.cn
投稿邮箱:info@lawpress.com.cn
举报盗版邮箱:jbwq@lawpress.com.cn
销售电话:010-83938349
客服电话:010-83938350
咨询电话:010-63939796

书号:ISBN 978-7-5197-8110-1
定价:58.00 元
凡购买本社图书,如有印装错误,我社负责退换。电话:010-83938349

编委会

主　编

雷　军　刘　皓

编　委

（以姓氏拼音为序）

樊鹏飞　胡晓迪　蒋荣干　刘　皓
雷　军　申红艳　易国岭　殷　翔

舌尖上的安全和美味需要合规的保障

与 ULAWYER 团队刘皓律师相熟于 2017 年。彼时正是中国进口食品快速增长的时期，伴随着进口食品的快速增长，进口食品标签标识问题也被社会各界关注，其中，不乏所谓职业打假人借此牟利。我们许多进口食品企业一致认为，食品行业应该团结一致，共同解决对进口食品标签标识缺乏科学判断的处罚问题。也正是在这关键时刻，经食土商会进口食品分会副理事长引荐，刘皓律师及其团队走入了为中国进口食品企业提供服务的队伍。他们从搜集的上百个案例和代理胜诉的案件中，提炼和总结了进口食品企业在标签标识方面应重点关注的部分，为食土商会的会员企业提供了大量的公益咨询和无偿服务。

2022 年以来，针对食品企业在广告宣传方面存在的突出问题，刘皓律师及其团队根据多年为企业提供法律服务的经验，与我们食土商会共同制定了《食品企业广告宣传管理规范》团体标准，并于 2023 年 6 月正式对外公布。

作为服务于食品农产品领域的一员，我深知中国的食品企业一直在不懈努力，保障中国消费者和全球消费者“舌尖上的安全”和“舌尖上的美味”。而在打造安全和美味的过程中，合规性无疑是助力食品企业行稳致远的关键一环。在刘皓律师及其团队编撰的《食品企业法律合规实务》一书中，他们对食品企业在生产、检验、标签审核、广告宣传、知识产权保护、促销、线上线下运营，以及应急管理的全过程都作了梳理，提出了合规指引，这无疑对食品企业有着实质性的帮助。

我相信，在全社会的共同努力之下，中国的食品企业一定会健康成长，中国的食品行业也必将在创新和可持续的道路上持续发展。

中国食品土畜进出口商会副会长

食品安全和企业合规“永远在路上”

企业是食品安全的第一责任人，为此，国家市场监管总局颁布的《企业落实食品安全主体责任监督管理规定》要求食品生产经营企业应当配备食品安全员、食品安全总监，并建立健全日管控、周排查、月调度的食品安全风险防控机制。对生产企业而言，食品生产企业的合规性，主要体现在生产过程以及产品是否符合相关食品安全法律法规和技术标准。如果不符合，企业将承担相应的法律责任，并导致食品不达标，无法进入市场，造成企业损失。生产方面的合规虽然有从业者朴素的道德意识作为基础，但仍需法律作为保障手段。

与此同时，食品企业运营方面的合规也不可忽视，这是食品作为快消品的性质所决定的。因为快消品需要经常在公众眼前亮相，否则难以让公众形成品牌偏好。但如果快消品亮相不合规、吆喝过了头，则会对品牌形成反噬，比如普通食品宣传疗效、诋毁竞争对手的产品，等等。

我国的食品安全状况稳中向好，但食品安全“永远在路上”。无论是“四个最严”，还是社会共治，其根本目的是让食品生产经营企业自觉遵法守法，提升合规意识，从“要我合规”转变为

"我要合规"，如此则纲举目张，事半功倍。《食品企业法律合规实务》一书紧紧围绕食品行业的特点，为食品企业提供生产和运营的全过程合规指引，具有较强的实用性。食品企业可以参考本书建立自己的合规体系，真正让食品安全意识入脑入心，以达成企业、消费者、政府和社会的共赢。

原上海市食品药品监督管理局副局长 

凡 例

为行文方便，本书中部分法律、法规使用简称，具体如下（以在书中出现的先后顺序排列）：

简称	文号	全称
《食品安全法》	中华人民共和国主席令第81号	《中华人民共和国食品安全法》
《农产品质量安全法》	中华人民共和国主席令第120号	《中华人民共和国农产品质量安全法》
《工业产品生产许可证管理条例》	中华人民共和国国务院令第440号	《中华人民共和国工业产品生产许可证管理条例》
《产品质量法》	中华人民共和国主席令第22号	《中华人民共和国产品质量法》
《食品安全法实施条例》	中华人民共和国国务院令第721号	《中华人民共和国食品安全法实施条例》
《劳动合同法》	中华人民共和国主席令第73号	《中华人民共和国劳动合同法》
《劳动法》	中华人民共和国主席令第24号	《中华人民共和国劳动法》
《标准化法》	中华人民共和国主席令第78号	《中华人民共和国标准化法》
《立法法》	中华人民共和国主席令第3号	《中华人民共和国立法法》

续表

简称	文号	全称
《消费者权益保护法》	中华人民共和国主席令第7号	《中华人民共和国消费者权益保护法》
《商标法》	中华人民共和国主席令第29号	《中华人民共和国商标法》
《商标法实施条例》	中华人民共和国国务院令第651号	《中华人民共和国商标法实施条例》
《刑法》	中华人民共和国主席令第66号	《中华人民共和国刑法》
《专利法》	中华人民共和国主席令第55号	《中华人民共和国专利法》
《反不正当竞争法》	中华人民共和国主席令第29号	《中华人民共和国反不正当竞争法》
《广告法》	中华人民共和国主席令第81号	《中华人民共和国广告法》
《国家勋章和国家荣誉称号法》	中华人民共和国主席令第38号	《中华人民共和国国家勋章和国家荣誉称号法》
《英雄烈士保护法》	中华人民共和国主席令第5号	《中华人民共和国英雄烈士保护法》
《著作权法》	中华人民共和国主席令第62号	《中华人民共和国著作权法》
《价格法》	中华人民共和国主席令第92号	《中华人民共和国价格法》
《烟草专卖法实施条例》	中华人民共和国国务院令第750号	《中华人民共和国烟草专卖法实施条例》
《电子商务法》	中华人民共和国主席令第7号	《中华人民共和国电子商务法》

续表

简称	文号	全称
《民事诉讼法》	中华人民共和国主席令第106号	《中华人民共和国民事诉讼法》
《民法典》	中华人民共和国主席令第45号	《中华人民共和国民法典》
《网络安全法》	中华人民共和国主席令第53号	《中华人民共和国网络安全法》
《个人信息保护法》	中华人民共和国主席令第91号	《中华人民共和国个人信息保护法》
《专利法实施细则》	中华人民共和国国务院令第569号	《中华人民共和国专利法实施细则》
《行政处罚法》	中华人民共和国主席令第70号	《中华人民共和国行政处罚法》
《行政复议法》	中华人民共和国主席令第76号	《中华人民共和国行政复议法》
《行政诉讼法》	中华人民共和国主席令第71号	《中华人民共和国行政诉讼法》

目　录

第一章

食品及相关概念

概念是思维的最小单元，是构成思维活动任何命题、推理、判断的基本要素。食品方面的概念有很多，有的概念来源于法条或者标准，有着明确的内涵；有的概念只是商业上创造出来的，尚未形成统一的认识，因此，有必要对食品及相关概念作一辨析。

第一节　食　　品

一、食品的定义

食品是人们日常生活的必需品，但要对食品下一个定义，恐怕不是人人都能脱口而出。在我国，从法律层面明晰食品的定义经历了一个过程。1965 年，国务院以（65）国文办字 304 号批转了卫生部、商业部、第一轻工业部、中央工商行政管理局、全国供销合作总社制定的《食品卫生管理试行条例》（已失效），这是我国食品卫生领域的第一部行政法规，但其中并没有规定食品的定义。1979 年，国务院颁布的《食品卫生管理条例》①（已失效）第 2 条第 2 款以"概括 + 列举"的方式第一次规定了食品的定义："本条例所称'食品'，指已经过加工和能够直接食用的各种食物和饮料、豆制品、调味品、瓜果、茶叶等。"

1982 年公布的《食品卫生法（试行）》（已失效）对食品的定义作了修改，其第 43 条中规定："食品：指各种供人食用或者饮用的成品和原料以及按照传统既是食品又是药品的物品，但是不包括以治疗为目的的物品。"1995 年公布的《食品卫生法》（已失效）第 54 条和 2009 年公布的《食品安全法》第 99 条沿用了上述定义。

2015 年对《食品安全法》进行修订时，对食品的定义也作了修改。修订后的《食品安全法》第 150 条规定："食品，指各种供人食用或者饮用的成品和原料以及按照传统既是食品又是中药材的物品，但是不包括以治疗为目的的物品。"可以看出，此次修订将 2009 年

---

① 为方便读者阅读，本书中的法律、法规名称均使用简称。

《食品安全法》中的“按照传统既是食品又是药品的物品”修改为“按照传统既是食品又是中药材的物品”，对“食药物质”表述得更加准确。此后，2018 年和 2021 年对《食品安全法》修正时，食品的定义再无变化。

二、食药物质

食药物质是指传统作为食品，且列入《中华人民共和国药典》的物质。[①] 我国对食药物质进行目录管理。国家卫生健康委员会会同国家市场监督管理总局制定、公布食药物质目录，对目录实施动态管理。

具体的食药物质目录，涉及国家卫生健康委员会、国家市场监督管理总局三个文件，分别为《卫生部关于进一步规范保健食品原料管理的通知》（卫法监发〔2002〕51 号）、《国家卫生健康委员会、国家市场监督管理总局关于当归等 6 种新增按照传统既是食品又是中药材的物质公告》（国家卫生健康委员会、国家市场监督管理总局公告 2019 年第 8 号）和《国家卫生健康委员会、国家市场监督管理总局关于对党参等 9 种物质开展按照传统既是食品又是中药材的物质管理试点工作的通知》（国卫食品函〔2019〕311 号）。

（一）《卫生部关于进一步规范保健食品原料管理的通知》

该通知的附件 1 列示了 87 种既是食品又是药品的物品名单：

丁香、八角茴香、刀豆、小茴香、小蓟、山药、山楂、马齿苋、乌梢蛇、乌梅、木瓜、火麻仁、代代花、玉竹、甘草、白芷、白果、白扁豆、白扁豆花、龙眼肉（桂圆）、决明子、百合、肉豆蔻、肉

---

① 《国家卫生健康委关于印发〈按照传统既是食品又是中药材的物质目录管理规定〉的通知》（国卫食品发〔2021〕36 号）。

桂、余甘子、佛手、杏仁（甜、苦）、沙棘、牡蛎、芡实、花椒、赤小豆、阿胶、鸡内金、麦芽、昆布、枣（大枣、酸枣、黑枣）、罗汉果、郁李仁、金银花、青果、鱼腥草、姜（生姜、干姜）、枳椇子、枸杞子、栀子、砂仁、胖大海、茯苓、香橼、香薷、桃仁、桑叶、桑椹、桔红、桔梗、益智仁、荷叶、莱菔子、莲子、高良姜、淡竹叶、淡豆豉、菊花、菊苣、黄芥子、黄精、紫苏、紫苏籽、葛根、黑芝麻、黑胡椒、槐米、槐花、蒲公英、蜂蜜、榧子、酸枣仁、鲜白茅根、鲜芦根、蝮蛇、橘皮、薄荷、薏苡仁、薤白、覆盆子、藿香。

该通知的附件 2 列示了 114 种可用于保健食品的物品名单：

人参、人参叶、人参果、三七、土茯苓、大蓟、女贞子、山茱萸、川牛膝、川贝母、川芎、马鹿胎、马鹿茸、马鹿骨、丹参、五加皮、五味子、升麻、天门冬、天麻、太子参、巴戟天、木香、木贼、牛蒡子、牛蒡根、车前子、车前草、北沙参、平贝母、玄参、生地黄、生何首乌、白及、白术、白芍、白豆蔻、石决明、石斛(需提供可使用证明)、地骨皮、当归、竹茹、红花、红景天、西洋参、吴茱萸、怀牛膝、杜仲、杜仲叶、沙苑子、牡丹皮、芦荟、苍术、补骨脂、诃子、赤芍、远志、麦门冬、龟甲、佩兰、侧柏叶、制大黄、制何首乌、刺五加、刺玫果、泽兰、泽泻、玫瑰花、玫瑰茄、知母、罗布麻、苦丁茶、金荞麦、金樱子、青皮、厚朴、厚朴花、姜黄、枳壳、枳实、柏子仁、珍珠、绞股蓝、胡芦巴、茜草、荜茇、韭菜子、首乌藤、香附、骨碎补、党参、桑白皮、桑枝、浙贝母、益母草、积雪草、淫羊藿、菟丝子、野菊花、银杏叶、黄芪、湖北贝母、番泻叶、蛤蚧、越橘、槐实、蒲黄、蒺藜、蜂胶、酸角、墨旱莲、熟大黄、熟地黄、鳖甲。

该通知的附件 3 列示了 59 种保健食品禁用物品名单：

八角莲、八里麻、千金子、土青木香、山莨菪、川乌、广防己、马桑叶、马钱子、六角莲、天仙子、巴豆、水银、长春花、甘遂、生天南星、生半夏、生白附子、生狼毒、白降丹、石蒜、关木通、农吉痢、夹竹桃、朱砂、米壳（罂粟壳）、红升丹、红豆杉、红茴香、红粉、羊角拗、羊踯躅、丽江山慈姑、京大戟、昆明山海棠、河豚、闹羊花、青娘虫、鱼藤、洋地黄、洋金花、牵牛子、砒石（白砒、红砒、砒霜）、草乌、香加皮（杠柳皮）、骆驼蓬、鬼臼、莽草、铁棒槌、铃兰、雪上一枝蒿、黄花夹竹桃、斑蝥、硫磺、雄黄、雷公藤、颠茄、藜芦、蟾酥。

（二）《国家卫生健康委员会、国家市场监督管理总局关于当归等6种新增按照传统既是食品又是中药材的物质公告》

该公告将当归、山柰、西红花、草果、姜黄、荜茇6种物质纳入食药物质目录管理，仅作为香辛料和调味品使用。

（三）《国家卫生健康委员会、国家市场监督管理总局关于对党参等9种物质开展按照传统既是食品又是中药材的物质管理试点工作的通知》

该通知对党参、肉苁蓉（荒漠）、铁皮石斛、西洋参、黄芪、灵芝、山茱萸、天麻、杜仲叶9种物质开展按照传统既是食品又是中药材的物质生产经营试点工作。各省级卫生健康委会同市场监管局（厅、委）根据辖区实际，提出具体的试点方案，试点方案应当包括拟开展试点的食药物质种类、风险监测计划和配套监管措施等，报请省级人民政府同意后，报国家卫生健康委与国家市场监管总局核定。国家卫生健康委将会同国家市场监管总局根据各地试点实施情况，研究论证将上述物质纳入食药物质目录管理的可行性。

也就是说，上述9种物质目前还没有正式纳入食药物质目录，开展试点的省市工作进度不一，有的已经公布试点企业名单，有的只是印发了试点方案，还未公布试点企业名单。以广东省为例，根据《广东省市场监督管理局、广东省卫生健康委员会关于发布对铁皮石斛、西洋参、灵芝开展按照传统既是食品又是中药材的物质管理试点生产企业名单（第一批）的通告》（广东省市场监督管理局通告 2022 年第 29 号），试点企业应向属地市场监管部门提出食品生产许可申请，取得相关品种生产许可资质后方可生产经营。试点产品类别限于饮料（含固体饮料）、糖果、代用茶产品。每种试点产品都必须制定对应的企业标准并报卫生健康部门备案。试点生产企业应根据试点物质的推荐食用限量和在产品中的含量，折算并明确标示出最终产品的食用量。同时，还要在标签上明确标注不适宜人群，以及“本产品仅限于广东省内销售”字样。此外，该通告要求，在试点结束后，试点企业应立即停止试点产品的生产，已生产的产品允许销售至保质期结束，这也是大部分省市试点方案的要求。

案例 1.1　深圳某土特产公司销售金樱子酒案①

张某通过拼多多平台在深圳某土特产公司经营的店铺下单购买了一坛商品名称为“惠众土货野生新鲜金樱子药材酒刺梨子地窖酒果子酒”的金樱子酒。张某收货后发现商品无标签，属于“三无”产品，且深圳某土特产公司宣传该酒内添加了金樱子中药材，但作为普通食品销售，故不符合食品安全标准，遂诉至法院，要求退还货款并支付货款 10 倍的赔偿。法院认为，《卫生部关于进一步规范保健食品原料管理的通知》（卫法监发〔2002〕51 号）规定，金樱子属于仅限用于保健食品的物品，而深圳某土特产公司将金樱子添

① 广州互联网法院民事判决书，（2021）粤 0192 民初 697 号。

加在普通食品中，存在安全隐患，为不安全食品，故张某的诉请应予支持。

在普通食品中添加仅限用于保健食品的物品，不但会遭遇民事索赔，还会受到行政处罚。

案例 1.2 湖南某生物科技公司生产经营添加药品的食品案①

湖南某生物科技公司生产的某固体饮料产品标签上标注的配料为铁皮石斛、雪莲培养物、人参、白茶、木瓜、葛根、燕窝、红牛杆菌等。市场监管部门认为，国家卫生健康委员会发布的最新药食同源名单不包含铁皮石斛；国家卫生健康委员会、国家市场监督管理总局于 2019 年联合发布的《关于对党参等 9 种物质开展按照传统既是食品又是中药材的物质管理试点工作的通知》（国卫食品函〔2019〕311 号）以及湖南省卫生健康委员会、湖南省市场监督管理局联合发布的《关于做好党参等 9 种物质开展按照传统既是食品又是中药材管理试点申报工作的通知》（湘卫函〔2020〕251 号），其中包含铁皮石斛。湖南某生物科技公司生产的某固体饮料使用了铁皮石斛作为配料，但未进行申报核定，违反了我国《食品安全法》第 38 条的规定，系生产经营添加药品的食品之违法行为。市场监管部门遂依据《食品安全法》第 123 条第 1 款第 6 项的规定，没收了湖南某生物科技公司的违法所得及相应产品并处以相应罚款。

需要说明的是，仅限用于保健食品的物品，虽然不能添加在普通食品中，但并未禁止其进行单独销售。

---

① 湖南省浏阳市市场监督管理局行政处罚决定书，浏市监处罚〔2021〕565 号。

案例 1.3　铁皮石斛不是食品，不适用十倍赔偿[1]

王某通过淘宝平台在安徽某生物科技有限公司经营的网店购买霍山铁皮石斛（枫斗）8盒。上述产品外包装标签显示：产品名称：铁皮石斛；型号：霍山铁皮石斛枫斗；保质期：24个月；生产日期：见喷码；净含量：见喷码；储藏方法：置于阴凉干燥处；食用方法：煮水、泡茶等；特别提示：我们提供的是原产地原生态优质滋补农产品，具体搭配及服用请参考身体体质或咨询养生专业人士；生产地：安徽霍山；生产商：安徽某生物科技有限公司。

王某认为，这款商品的包装标签完全不符合我国《食品安全法》对于预包装食品的要求，没有产品标准代号和生产许可证编号，该食品生产厂家也没有取得相关的食品生产许可证，系无证生产经营。鉴于安徽某生物科技有限公司已经退还货款，仅要求其支付货款10倍的赔偿。

法院认为，根据《食品安全法》第35条的规定，销售食用农产品和仅销售预包装食品的，不需要取得许可。根据2015年版《中华人民共和国药典》的记载，可以认定铁皮石斛属于中药材，可以作为保健品原料。国卫食品函〔2019〕311号通知对包括铁皮石斛在内的9种物质开展食药同源的生产经营试点工作，但试点方案需要报省政府同意并报国家卫生健康委和国家市场监管总局核定，因此并无充分证据认定铁皮石斛为食品或应当按照食品进行管理。案涉产品不是食品，不需要取得许可，故不需要在包装上标注执行标准。王某未举证证明案涉产品存在质量问题并因此遭受损失，仅以产品为食品、未在包装上标注执行标准，违反《食品安全法》的相关规定为由，起诉要求10倍赔偿，缺乏事实和法律依据。法院最终驳回

---

① 安徽省芜湖市镜湖区人民法院民事判决书，（2021）皖0202民初10398号。

了王某的诉请。

此外，原国家卫生和计划生育委员会办公厅于2013年下发《关于征求〈按照传统既是食品又是中药材的物质目录（2013版）〉（征求意见稿）意见的函》（国卫办食品函〔2013〕29号），将卫生部下发的《关于进一步规范保健食品原料管理的通知》附件1列示的87种既是食品又是药品的物品名单修订为80种，但该征求意见稿后续未见正式发文。

（四）《可用于保健食品的物品名单》的缩表

有些物品通过各种方式离开了《可用于保健食品的物品名单》，如当归、姜黄、荜茇纳入了食药物质目录管理；党参、石斛、西洋参、黄芪、山茱萸、天麻、杜仲叶一旦论证通过，也将纳入食药物质目录管理；另外还有玫瑰茄、酸角、牛蒡根、苦丁茶、人参（人工种植）等。

1. 玫瑰茄

原卫生部《关于将油菜花粉等食品新资源列为普通食品管理的公告》（2004年第17号）规定，将玫瑰茄等列为普通食品管理。

2. 酸角

原卫生部《关于批准茶叶籽油等7种物品为新资源食品的公告》（2009年第18号）规定，允许酸角作为普通食品生产经营。

3. 牛蒡根

原国家卫生和计划生育委员会在《关于牛蒡作为普通食品管理有关问题的批复》（国卫食品函〔2013〕83号）中，针对河北省卫生厅的请示，同意牛蒡根作为普通食品管理。之后，《市场监管总局关于修订公布食品生产许可分类目录的公告》（国家市场监督管理总局公告2020年第8号）将牛蒡根列在代用茶的品种明细中。

4. 苦丁茶

原国家质量监督检验检疫总局在《关于罗布麻等物品不做为普通食品管理的通知》(国质检食监函〔2010〕716号)中重申，罗布麻、苦丁茶、绞股蓝、银杏叶属仅用于保健食品的物品……含上述成分的代用茶，不作为普通食品管理。但随后原卫生部在《关于同意木犀科粗壮女贞苦丁茶为普通食品的批复》(卫监督函〔2011〕428号)中，针对四川省卫生厅的请示，同意木犀科粗壮女贞苦丁茶为普通食品。原国家卫生和计划生育委员会在《关于同意将冬青科苦丁茶作为普通食品管理的批复》(卫计生函〔2013〕86号)中，针对海南省卫生厅的请示，同意将冬青科苦丁茶作为普通食品管理。于是，《市场监管总局关于修订公布食品生产许可分类目录的公告》(国家市场监督管理总局公告2020年第8号)将苦丁茶列在代用茶的品种明细中。但是，同样被国质检食监函〔2010〕716号文重申不作为普通食品管理的罗布麻就没有这种待遇。

案例1.4 乌鲁木齐某食品公司销售罗布麻茶案[①]

案外人举报乌鲁木齐某食品公司在天猫平台销售罗布麻茶。市场监管部门接到举报后，对乌鲁木齐某食品公司进行现场检查，该公司未能提供罗布麻茶的《保健食品生产许可证》和《保健食品批准证书》。市场监管部门认为乌鲁木齐某食品公司在未取得保健食品生产许可的情况下，从事罗布麻茶生产经营，违反了《食品安全法》的相关规定，遂决定没收乌鲁木齐某食品公司的违法所得并处罚款。

乌鲁木齐某食品公司不服，向市政府提起行政复议，市政府维持了市场监管部门的行政处罚决定。乌鲁木齐某食品公司仍不服，

① 乌鲁木齐市新市区人民法院行政判决书，(2017)新0104行初77号。

诉至法院，请求撤销行政处罚决定及行政复议决定。

法院认为，根据《卫生部关于进一步规范保健食品原料管理的通知》（卫法监发〔2002〕51号），罗布麻茶属于可用于保健食品的物品，其附件二《可用于保健食品的物品清单》所列物品仅限用于保健食品，未经安全性评价证明其食用安全性的，不得作为普通食品原料生产经营。《国家质量监督检验检疫总局关于罗布麻等物品不做为普通食品管理的通知》（国质检食监函〔2010〕716号）规定，罗布麻属仅用于保健食品的物品，不作为普通食品管理。本案中，乌鲁木齐某食品公司未能提供罗布麻茶的《保健食品生产许可证》和《保健食品批准证书》，其从事罗布麻茶生产经营违反法律规定。市场监管部门作出的行政处罚决定及市政府作出的行政复议决定认定事实清楚，证据确凿，程序合法，适用法律、法规正确，乌鲁木齐某食品公司的诉讼请求缺乏事实与法律依据。法院最终驳回了乌鲁木齐某食品公司的诉请。

5. 人参（人工种植）

原卫生部在《关于批准人参（人工种植）为新资源食品的公告》（卫生部公告2012年第17号）中批准人参（人工种植）为新资源食品，要求来源是5年及5年以下人工种植的人参，标签、说明书中应当标注不适宜人群和食用限量（孕妇、哺乳期妇女及14周岁以下儿童不宜食用，食用量≤3克/天）。可以认为，除了5年及5年以下人工种植的人参，其他人参仍然仅可用于保健食品。既然开了这个口子，除了以野山参为卖点，市面上其他人参应该都要标明是5年及5年以下人工种植，这些人参面对的核心问题就是标签合规问题。

案例 1.5 无锡某公司经营标签不合规的食品案①

无锡某公司于 2021 年 11 月开始销售“冰雪之容”饮品，该产品含有人参原料，为其店内制作的自制饮品，瓶装销售。在销售过程中，上述产品加贴的标签未标注不适宜人群和食用限量。市场监管部门认为，食品经营者应当经营符合国家相关法律规定的食品，不得经营不符合法律、法规或者食品安全标准的食品。原卫生部《关于批准人参（人工种植）为新资源食品的公告》（卫生部公告 2012 年第 17 号）规定，含人参成分的食品标签、说明书中应当标注不适宜人群和食用限量。本案中，无锡某公司销售的含人参成分的食品未按照规定加贴标签，其行为违反了《食品安全法》第 34 条第 13 项的规定，应承担相应的法律责任。根据《食品安全法》第 125 条第 1 款第 2 项“违反本法规定，有下列情形之一，尚不构成犯罪的，由县级以上人民政府食品安全监督管理部门没收违法所得和违法生产经营的食品、食品添加剂，并可以没收用于违法生产经营的工具、设备、原料等物品；违法生产经营的食品、食品添加剂货值金额不足一万元的，并处五千元以上五万元以下罚款；货值金额一万元以上的，并处货值金额五倍以上十倍以下罚款；情节严重的，责令停产停业，直至吊销许可证：……（二）生产经营无标签的预包装食品、食品添加剂或者标签、说明书不符合本法规定的食品、食品添加剂”的规定，市场监管部门最终责令当事人改正违法行为，没收违法所得，并处以相应罚款。

---

① 无锡市梁溪区市场监督管理局行政处罚决定书，锡梁市监处罚〔2022〕00192 号。

三、新食品原料

（一）新食品原料的概念演变

新食品原料和食药物质的区别在于前者未载入《中华人民共和国药典》。“新食品原料”概念的发展经历了一个过程。1987 年原卫生部发布的《食品新资源卫生管理办法》第 2 条规定：“本办法所称的‘食品新资源’，系指我国传统上不作或很少作食用的和只在个别地区有食用习惯的、拟利用其生产食品（包括食品原料）、食品添加剂的物品以及用于生产食品容器、包装材料、食品用工具、设备的新的原材料。”可见，彼时的“食品新资源”包括了现在的新食品原料、食品添加剂新品种和食品相关产品新品种，即“三新食品”。1990 年原卫生部发布《新资源食品卫生管理办法》（〔90〕卫生部第 4 号令），废止了《食品新资源卫生管理办法》，仍然保留了“食品新资源”的概念，但修改了其定义，其第 2 条规定：“食品新资源系指在我国新研制、新发现、新引进的无食用习惯或仅在个别地区有食用习惯的，符合食品基本要求的物品。以食品新资源生产的食品称新资源食品（包括新资源食品原料及成品）。”可以看到，〔90〕卫生部第 4 号令所定义的食品新资源已经不包括食品添加剂新品种和食品相关产品新品种。

2007 年，原卫生部发布《新资源食品管理办法》（卫生部令第 56 号），废止了〔90〕卫生部第 4 号令，不再使用“食品新资源”的概念，并细化了新资源食品的定义，仍然在第 2 条规定：“本办法规定的新资源食品包括：（一）在我国无食用习惯的动物、植物和微生物；（二）从动物、植物、微生物中分离的在我国无食用习惯的食品原料；（三）在食品加工过程中使用的微生物新品种；（四）因采用新工艺生产导致原有成分或者结构发生改变的食品原料。”2013 年，原国家卫生和计划生育委员会发布《新食品原料安全性审查管理办法》（国家卫生和计划生育委员会令第1号，后根据2017年12月26日国家卫生和计划生育委员会令第18号修正），废止了卫生部令第56号，不再使用“新资源食品”的概念，代之以“新食品原料”的概念。2017年修正后的《新食品原料安全性审查管理办法》第2条规定：“新食品原料是指在我国无传统食用习惯的以下物品：（一）动物、植物和微生物；（二）从动物、植物和微生物中分离的成分；（三）原有结构发生改变的食品成分；（四）其他新研制的食品原料。”第23条中规定：“传统食用习惯，是指某种食品在省辖区域内有30年以上作为定型或者非定型包装食品生产经营的历史，并且未载入《中华人民共和国药典》。”第24条中强调：“本办法所称的新食品原料不包括转基因食品、保健食品、食品添加剂新品种。”

但是，无论概念如何演变，从食品新资源，到新资源食品，再到新食品原料，均要求经过安全性评估和相应的审批，否则不得用于生产经营，违者应受处罚。

案例1.6 上海某面包房经营添加非食品原料的食品案①

上海某面包房主要从事糕点类食品、饮品制售的经营活动。2019年1月1日，该面包房开设名为“云朵cakes”的微店店铺。2020年11月30日起，其使用柠檬、冰糖及川贝母粉等原料在其经营场所熬制川贝柠檬膏，并装入玻璃瓶、贴上标签，最后装入包装纸盒。2020年12月1日起，该面包房将上述川贝柠檬膏置于其微店店铺以“养生饮品－柠檬膏”的名义对外进行销售。

市场监管部门认为，《食品安全法》第38条规定，生产经营的食品中不得添加药品，但是可以添加按照传统既是食品又是中药材

① 上海市松江区市场监督管理局行政处罚决定书，沪市监松处〔2021〕272021003615号。

的物质。当事人在经营场所制作川贝柠檬膏并添加川贝母粉，而川贝母粉并非按照传统既是食品又是中药材的物质，当事人的行为违反了上述规定。

上述案例所涉问题，原卫生部在《关于普通食品中有关原料问题的批复》（卫监督函〔2009〕326号）中已经明确，《关于进一步规范保健食品原料管理的通知》（卫法监发〔2002〕51号）规定的可用于保健食品的物品名单中所列物品及冬虫夏草目前均不得作为普通食品原料使用。但《国家卫生计生委办公厅关于餐饮服务环节使用〈既是食品又是药品的物品名单〉之外中药材有关问题的复函》（国卫办食品函〔2014〕355号）的意见似乎截然相反。该复函中明确，可用于保健食品的物品名单所列物品中符合《禁止食品加药卫生管理办法》第7条、第8条规定的物品以及符合相关法规的物品，可以在餐饮服务环节中使用，餐饮服务单位应当确保其食用安全性。然而，2021年1月8日，《国家卫生健康委关于修改和废止〈母婴保健专项技术服务许可及人员资格管理办法〉等3件部门规章的决定》（国家卫生健康委令第7号）废止了原卫生部《禁止食品加药卫生管理办法》（卫防字第57号），则国卫办食品函〔2014〕355号文失去了法定依据。

不过，在国家市场监管总局官方网站的“公众留言”板块，执法稽查局在2021年8月11日回复一则题为“餐馆制作加工川贝炖雪梨的处罚”的咨询时提到，搞清楚餐馆用的川贝是中药材还是中药饮片，如果是中药饮片，建议按照食品中添加药品管理；如果是中药材，请按照《食品药品监管总局办公厅关于非药品经营单位销售中药材有关问题的复函》（食药监办稽函〔2017〕47号）的答复执行[1]。食药监办稽函〔2017〕47号文是怎么说的呢？该复函第3条提到，未进入药用渠道的中药材，鉴于各地有不同食用传统，不宜强调其药品属性，经营者无须取得《药品经营许可证》。但经营此类中药材不得宣称功能主治、用法用量等相关内容。有观点认为该复函可以作为餐饮环节使用中药材的依据，但是，笔者认为，食药监办稽函〔2017〕47号文第3条所述的情况应该是指单独销售中药材，比如前述的案例1.3。也就是说，经营者可以无须取得《药品经营许可证》而销售未经炮制的中药材，至于消费者买回去如何使用则在所不问，但经营者不可以将未经炮制的中药材加入食品中销售给消费者。

（二）新食品原料的终止审查

新食品原料应当经过安全性审查后，方可用于食品生产经营。卫生行政主管部门根据新食品原料的安全性审查结论，对符合食品安全要求的，准予许可并予以公告；对不符合食品安全要求的，不予许可并书面说明理由。对与食品或者已公告的新食品原料具有实质等同性的，应当作出终止审查的决定，并书面告知申请人。[2] 所谓实质等同，是指如果某个新申报的食品原料与食品或者已公布的新食品原料在种属、来源、生物学特征、主要成分、食用部位、使用量、使用范围和应用人群等方面相同，所采用工艺和质量要求基本一致，可以视为它们是同等安全的，具有实质等同性。[3] 从上述规定可以看出，认定为实质等同，相当于另一种形式的批准。后来，作

---

① 国家市场监管总局官网留言咨询系统，载 https://xgzlyhd.samr.gov.cn/gjjly/index，在留言标题输入关键词“川贝炖雪梨”，最后访问日期：2023年6月28日。

② 《新食品原料安全性审查管理办法》（2017年修正）（国家卫生和计划生育委员会令第18号）第16条。

③ 《新食品原料安全性审查管理办法》（2017年修正）（国家卫生和计划生育委员会令第18号）第23条。

出终止审查结论的产品不限于实质等同的情形，还有“属于地方特色食品/具有地方传统食用习惯”“作为普通食品生产经营或作为普通食品管理”以及其他特殊情形。实际上，“属于地方特色食品/具有地方传统食用习惯”和“作为普通食品生产经营或作为普通食品管理”两种情形也相当于获得了批准。而截至目前，其他三种特殊情形则并未被认可作为食品原料使用，这三种情形是：肉苁蓉（荒漠）、铁皮石斛（因为国家卫生健康委、国家市场监管总局已发布《关于对党参等9种物质开展按照传统既是食品又是中药材的物质管理试点工作的通知》，该两者在列）和金莲花（因为金莲花已有多种单方和成方制剂被《中华人民共和国药典》收录，具有明确的药理活性）。

四、食品的分类

我国的食品分类体系主要包括食品生产许可的食品分类体系、食品安全标准的食品分类体系等。《市场监管总局关于修订公布食品生产许可分类目录的公告》（国家市场监督管理总局公告2020年第8号）将食品分为31大类，每个大类之下又有若干明细品种，并要求自2020年3月1日起，《食品生产许可证》中“食品生产许可品种明细表”按照新修订的《食品生产许可分类目录》填写。但要注意，该目录中的第32大类是“食品添加剂”，食品添加剂不是食品，列入表中是为了行政许可工作的需要。而该目录中的第31大类“其他食品”显然不包括食用农产品，因为食用农产品的生产不需要取得《食品生产许可证》。可以说，从行政监管的角度来看，我国的食品分为32大类，包括《食品生产许可分类目录》中的前31大类（可统称为深加工食品）和食用农产品。

食品安全标准的食品分类体系，如《食品安全国家标准　食品添加剂使用标准》（GB 2760－2014）将食品分为16大类，《食品安

全国家标准　食品中真菌毒素限量》（GB 2761－2017）将食品分为10大类，《食品安全国家标准　食品中污染物限量》（GB 2762－2022）将食品分为22大类，《食品安全国家标准　食品中农药最大残留限量》（GB 2763－2021）将食品分为11大类，《食品安全国家标准　食品营养强化剂使用标准》（GB 14880－2012）将食品分为16大类，等等。这些标准对食品的分类只适用于该标准。

（一）预包装食品、散装食品、现制现售食品

预包装食品，是指预先定量包装或者制作在包装材料、容器中的食品。[①]《食品安全国家标准　预包装食品标签通则》（GB 7718－2011）规定：预包装食品，指预先定量包装或者制作在包装材料和容器中的食品，包括预先定量包装以及预先定量制作在包装材料和容器中并且在一定量限范围内具有统一的质量或体积标识的食品。预包装食品首先应当预先包装，此外，包装上要有统一的质量或体积的标示。可见，理解预包装食品，关键在于理解“预先包装”和“预先定量”这两点。

理解“预先包装”的关键在于“预先包装”的行为发生在哪个环节。预包装食品的标签上应当标明食品生产许可证编号，而只有工业化生产的食品才有生产许可证，那么，预包装食品只可能是工业化生产出来的食品。在食品销售、餐饮服务等领域，经营者为了方便销售，有时候也将待售食品进行预先包装，但由于不是发生在工业化的食品生产环节，所以这些食品不是预包装食品。

“预先定量”是指在包装完成后即具有确定的量值，也就是“在一定量限范围内具有统一的质量或体积标识”，其量值是统一的。如果某企业将生产的食品进行了包装，并且称量后标注了净含量，

① 《食品安全法》第150条。

但这些净含量是不统一的，那么它们依然不是预包装食品。

再来看散装食品。散装食品的定义最早出自2003年原卫生部颁布的《散装食品卫生管理规范》（卫法监发〔2003〕180号）①中，其在第2条第2款规定："本规范所称散装食品是指无预包装的食品、食品原料及加工半成品，但不包括新鲜果蔬，以及需清洗后加工的原粮、鲜冻畜禽产品和水产品等。"

《食品安全法》中没有对散装食品进行定义，但全国人大常委会法制工作委员会编的《中华人民共和国食品安全法释义》给散装食品下了一个定义，散装食品，指无预包装的食品、食品原料及加工半成品，但不包括新鲜果蔬，以及需清洗后加工的原粮、鲜冻畜禽产品和水产品等，即消费者购买后可不需清洗即可烹调加工或直接食用的食品，主要包括各类熟食、面及面制品、速冻食品、酱腌菜、蜜饯、干果及炒货等。②《食品经营许可和备案管理办法》（国家市场监督管理总局令第78号）第62条进一步明确，散装食品，指在经营过程中无食品生产者预先制作的定量包装或者容器、需要称重或者计件销售的食品，包括无包装以及称重或者计件后添加包装的食品。在经营过程中，食品经营者进行的包装，不属于定量包装。

由上可知，上述三个文件对散装食品的定义都强调了"无预包装"，从而将散装食品与预包装食品区分开来，但并没有将散装食品与现制现售食品区分开来，因为表面上看，现制现售食品也符合散装食品的定义。那么，散装食品与现制现售食品的本质区别在哪里呢？从《散装食品卫生管理规范》（卫法监发〔2003〕180号）的相关规定中也许能够找到答案。

《散装食品卫生管理规范》（卫法监发〔2003〕180号）第3条

---

① 虽然《散装食品卫生管理规范》现已失效，但仍具有参考意义。

② 全国人大常委会法制工作委员会编：《中华人民共和国食品安全法释义》，法律出版社2015年版，第163页。

第 2 款规定："出厂的散装食品必须采用符合卫生标准要求的包装材料和容器进行密封包装，并在标签上标明以下内容：食品名称、配料表、生产者和地址、生产日期、保质期、保存条件、食用方法、包装规格。同时应附有检验合格证明。"第 11 条第 1 款规定："散装食品标签标注的生产日期必须与生产者出厂时标注的生产日期相一致。"从上述规定可以看出，《散装食品卫生管理规范》（卫法监发〔2003〕180 号）所指的散装食品都是"出厂"的，即从工厂中生产出来的。但散装食品的生产和销售并不是在同一时空完成。而现制现售食品则不同，现场制作、现场销售的食品，其生产加工和销售发生在同一时间、同一空间内。所以，"制""售"的时空是否同一，是散装食品与现制现售食品的本质区别（预包装食品也是"制""售"的时空分离）。此外，现制现售食品还可以分为专门店铺的现制现售、商场超市的现制现售和餐饮店的现制现售三类。

（二）儿童食品：真需求还是假概念

《关于修订公布食品生产许可分类目录的公告》将食品分为 32 大类，其中绝大部分是按照食品属性进行分类，只有 3 大类即特殊医学用途配方食品、婴幼儿配方食品、特殊膳食食品按照用途或者人群进行分类，其中，特殊膳食食品又分为婴幼儿谷类辅助食品、婴幼儿罐装辅助食品和其他特殊膳食食品（辅食营养补充品），并没有"儿童食品"的类别。由于相关法律法规和标准没有明确禁止在食品名称中使用"儿童"字样，一些普通食品常常在其标签上使用"儿童"字样或者暗示其对儿童有特定的功能、作用，虽然混淆了视听，但销量往往还不错。

应该承认，为了让孩子健康成长，家长还是愿意为所谓的"儿童食品"埋单，对"儿童食品"的需求是真实存在的。但目前"儿童食品"确实还没有一个统一的概念，就连如何界定儿童的年龄范围都莫衷一是。不过，从目前已发布实施的与儿童食品相关的团体标准来看，都将儿童的年龄范围界定在3~12周岁①，不满3周岁的是婴幼儿。其实，不管是婴幼儿还是儿童，他们并非只能吃专门为他们开辟的食品类别。举个例子，婴幼儿谷类辅助食品下面有一个明细品种“婴幼儿饼干”，这无非是从第8大类“饼干”中分离出来一个品种，并执行不同的（或者说更高的）标准。“婴幼儿饼干”执行的是《食品安全国家标准　婴幼儿谷类辅助食品》（GB 10769－2010），“饼干”执行的是《食品安全国家标准　饼干》（GB 7100－2015），法律并没有禁止给婴幼儿食用执行《食品安全国家标准　饼干》（GB 7100－2015）生产出来的饼干。当然，把“婴幼儿饼干”从“饼干”当中分离出来，列在婴幼儿谷类辅助食品之下，肯定是推荐食用执行《食品安全国家标准　婴幼儿谷类辅助食品》（GB 10769－2010）生产出来的饼干。然而，家长有得选，生产者却没得选，只要宣称是“婴幼儿饼干”，就必须执行《食品安全国家标准　婴幼儿谷类辅助食品》（GB 10769－2010）。如果挂羊头卖狗肉，宣称是“婴幼儿饼干”，却执行《食品安全国家标准　饼干》（GB 7100－2015），那就是不符合食品安全标准。但如果执行《食品安全国家标准　饼干》（GB 7100－2015），然后宣称是“儿童饼干”会如何呢？

案例1.7　名称中有“儿童”字样就是婴幼儿辅助食品吗②

原告贺某在淘宝网“山西某健康科技有限公司品牌店”购买

① 如《儿童零食通用要求》（T/CFCA 0015－2020）、《儿童饮料》（T/CFCA 0024－2021）、《儿童糖果、巧克力及其制品》（T/CFCA 0026－2022）、《儿童果冻》（T/CFCA 0028－2021）、《儿童速冻含馅米面食品》（T/CGCC 34－2019）、《儿童营养面条类制品》（T/FYJKYJH 0001－2021）、《儿童肉类制品通用要求》（T/CMATB 9002－2021）等。

② 宁夏回族自治区永宁县人民法院民事判决书，（2019）宁0121民初1438号。在该案中，ULAWYER团队代理山西某健康科技有限公司并胜诉。

“儿童益生菌粉”36盒，收到货后发现该食品的执行标准为GB/T 29602（即固体饮料），生产者是汕头某生物科技有限公司，食品生产许可证号为SC12344051100821，许可品种明细表中包含明细为风味固体饮料、蛋白固体饮料、其他固体饮料（植物固体饮料、谷物固体饮料、营养素固体饮料、食用菌固体饮料），未见有特殊膳食食品生产资质。此外，该食品的详情介绍网页中有“适合0到12岁的宝宝服用”字样。

原告贺某认为，汕头某生物科技有限公司超越许可范围生产特殊膳食食品，山西某健康科技有限公司明知汕头某生物科技有限公司所生产的“儿童益生菌粉”超越该公司的许可范围而仍然销售，均构成违法，遂起诉要求两被告退还货款，并支付货款10倍的赔偿。

被告答辩称，案涉食品并不属于《婴幼儿辅助食品生产许可审查细则（2017版）》中规定的特殊膳食食品范围，因为案涉食品主要原料为益生菌（乳双歧杆菌Bi－07、乳双歧杆菌HN019、鼠李糖乳杆菌HN001），显然不属于婴幼儿谷类辅助食品和婴幼儿罐装辅助食品。同时，益生菌本身是有益微生物，不是维生素也不是矿物质，更不是营养素，所以也不属于其他特殊膳食食品（辅食营养补充品）。而且，原告贺某也没有提供证据证明案涉食品中含有婴幼儿或儿童不可食用的成分，故案涉食品生产企业没有超范围生产，案涉产品也没有违反食品安全标准。法院最终采纳了该答辩意见，驳回了原告贺某的全部诉请。

本案的胜负手在于被告没有使用“婴幼儿”的字样，一旦使用，必败无疑，因为被告已经明示执行的标准是GB/T 29602。该产品的网页中宣称的是“适合0到12岁的宝宝服用”，原告也正是凭此认为被告生产经营的是特殊膳食食品，但这个宣称说了一句正确的废话，因为执行标准GB/T 29602并没有限定年龄范围，也就是说，所有人都可以喝符合执行标准GB/T 29602所生产出来的固体饮料，那么，所谓“适合0到12岁的宝宝服用”也没说错。

当然，被告如此宣称，也并非没有瑕疵，虽然该宣称说了一句正确的废话，但从另一个角度来看，这是片面陈述事实，有误导消费者之嫌。国家也注意到了这个问题，市场监管总局《食品标识监督管理办法（征求意见稿）》第12条规定：“没有法律法规、规章和食品安全标准等规定的，食品标识上不得使用文字或者图案明示、暗示或者强调产品适合婴幼儿、儿童、老人、孕妇等特定人群。”虽然该办法至今没有正式发文，但为了避免误导消费者，食品企业如果要宣称“儿童食品”，可以备案儿童食品相关企业标准，以降低风险。

第二节　食用农产品

一、食用农产品的定义及其与食品的关系

农产品，是指来源于种植业、林业、畜牧业和渔业等的初级产品，即在农业活动中获得的植物、动物、微生物及其产品。[①] 全国人大常委会法制工作委员会编的《中华人民共和国农产品质量安全法释义》进一步对农产品的相关定义进行了解释，指出这里所讲的“农业活动”，既包括传统的种植、养殖、采摘、捕捞等农业活动，也包括设施农业、生物工程等现代农业活动。“植物、动物、微生物及其产品”，通常是指在农业活动中直接获得的以及经过分拣、去

① 《农产品质量安全法》第2条第1款。

皮、剥壳、粉碎、清洗、切割、冷冻、打蜡、分级、包装等加工，但未改变其基本自然性状和化学性质的产品。①

《农业部、食品药品监管总局关于加强食用农产品质量安全监督管理工作的意见》（农质发〔2014〕14 号）首次对食用农产品进行了明确定义：食用农产品是指来源于农业活动的初级产品，即在农业活动中获得的、供人食用的植物、动物、微生物及其产品。“农业活动”既包括传统的种植、养殖、采摘、捕捞等农业活动，也包括设施农业、生物工程等现代农业活动。“植物、动物、微生物及其产品”是指在农业活动中直接获得的以及经过分拣、去皮、剥壳、粉碎、清洗、切割、冷冻、打蜡、分级、包装等加工，但未改变其基本自然性状和化学性质的产品。可以看出，该定义在沿用全国人大常委会法制工作委员会所编的《中华人民共和国农产品质量安全法释义》对农产品定义的基础上，在前面增加了一个“供人食用”的定语。

《食用农产品市场销售质量安全监督管理办法》（国家市场监督管理总局令第 81 号）对食用农产品的定义进行了调整，其第 49 条规定：“食用农产品，指来源于种植业、林业、畜牧业和渔业等供人食用的初级产品，即在农业活动中获得的供人食用的植物、动物、微生物及其产品，不包括法律法规禁止食用的野生动物产品及其制品。”同时，该条还增加了“即食食用农产品”的概念，即“指以生鲜食用农产品为原料，经过清洗、去皮、切割等简单加工后，可供人直接食用的食用农产品”。可以看出，该办法对食用农产品的定义进行了一个强调（不包括法律法规禁止食用的野生动物产品及其制品）和一个分化（分化出“即食食用农产品”的概念），但本质

---

① 全国人大常委会法制工作委员会编：《中华人民共和国农产品质量安全法释义》，法律出版社 2006 年版，第 7 页。

上与农质发〔2014〕14 号文是一致的。

从上述定义来看，食用农产品是农产品的子集，这是毫无疑问的。而对比食用农产品的定义和食品的定义，可以毫不费力地得出结论，食用农产品也是食品的子集。它们三者之间的关系如图 1 - 1 所示：

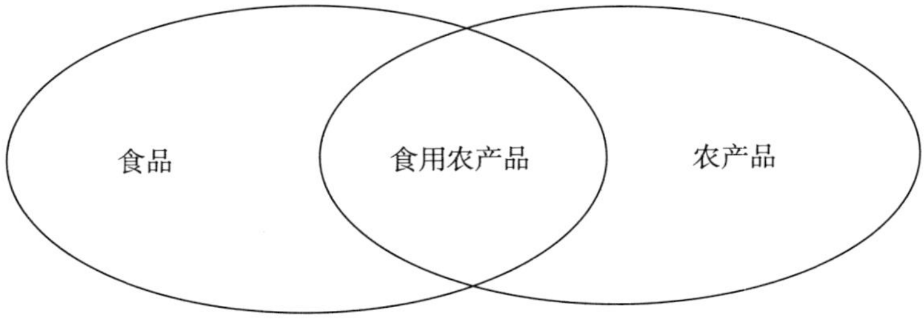

图 1 - 1　食品、农产品、食用农产品关系示意图

按照分类的“不重不漏”原则，在农产品这个母集里面，食用农产品这个子集之外就是非食用农产品，食用农产品和非食用农产品的区别显而易见就在于是否可以食用。而在食品这个母集里面，食用农产品这个子集之外是什么呢？笔者认为应该是深加工食品，因为从农质发〔2014〕14 号文对食用农产品的定义可以看出，食用农产品要么在农业活动中直接获得，体现了生物的生长过程；要么直接获得后仅进行了未改变基本自然性状和化学性质的初加工。也就是说，食品和食用农产品不是同一位阶的概念，与食用农产品对应的概念应该是深加工食品，只是出于管理的方便，才把食品和食用农产品作为相对应的概念，因此，实践当中认为食用农产品不是食品的观点是错误的。

二、食用农产品与深加工食品在实践中的区隔

前文已述及，与食用农产品处于同一位阶的概念应该是深加工食品，但实践当中已经大范围、长时间将食用农产品和食品的概念

一并使用，那也只好“从善如流”（但本书中将食用农产品和食品的概念一并使用时，本意是指深加工食品）。既然食用农产品和深加工食品这两个子集共同构成了食品这个母集，那么，食用农产品和深加工食品的区隔应该是泾渭分明的，但实际并非如此。

比如，《食品生产许可分类目录》中的大米、茶叶、蜂蜜，仅从字面上看不出属于食用农产品还是深加工食品。在对这类食品进行定性时，可以从两个标准进行考虑。第一个标准是看这类食品属于初加工食品还是深加工食品，这是从食用农产品的定义而来的当然推导，未改变基本自然性状和化学性质的是食用农产品，反之就是深加工食品。第二个标准是看生产者的身份，一般而言，农户自产自销的是食用农产品，由具有食品生产许可证的企业生产的是深加工食品，但也并非绝对。

案例 1.8　未经精加工的红茶是初级农产品①

泰顺县市场监管局认定，浙江某茶叶公司生产的红茶未标生产日期（该公司具有茶叶生产许可），违反了《食品安全法》的规定，决定依据《食品安全法》处以罚款。浙江某茶叶公司不服，向温州市市场监管局申请复议。行政复议期间，温州市市场监管局委托国家茶业质量监督检验中心出具《检验报告》，结论显示案涉红茶“该样外形条索尚紧细，尚匀整，色泽乌尚润，稍有金毫，有少量花托、朴片，据此判断该样品未经精加工”。温州市市场监管局据此判定，案涉红茶属于食用农产品。《农产品包装和标识管理办法》第10条规定，包装销售的农产品，应当在包装物上标注或者附加标识标明品名、产地、生产者或者销售者名称、生产日期。茶叶并非强

① 浙江省温州市鹿城区人民法院行政判决书，（2016）浙0302行初81号。

制必须包装的农产品，出厂时符合规定包装的农产品拆包后直接向消费者销售的，可以不再另行包装。但如果包装销售的，应当标明生产日期等。从案涉红茶实物来看，其由浙江某茶叶公司提供了铁罐、礼盒、礼袋等包装物，并标注了品名、产地、生产者名称、标准代号、许可证编号等事项，包装精良，与超市销售散装食品提供的塑料袋不属同一概念，应认定为散装销售后的再包装行为，其包装标识仍应当按照相关法律的要求标明有关事项。案涉红茶的包装物上未标注生产日期，违反了《农产品质量安全法》的规定，可转致适用《食品安全法》进行处罚，温州市市场监管局遂维持了泰顺县市场监管局的行政处罚决定。

浙江某茶叶公司不服该复议决定，向温州市鹿城区人民法院提起行政诉讼，认为不应转致适用《食品安全法》。法院肯定了温州市市场监管局对案涉红茶的定性，认为案涉红茶虽是经过一定加工的植物产品，但判断其属于食品还是食用农产品的关键在于是否通过加工改变了其基本自然性状和化学性质。浙江某茶叶公司曾委托温州市特产站进行鉴定，鉴定意见为不符合精致红茶特征，为毛红茶，属于初级农产品范畴。温州市市场监管局在行政复议中又委托国家茶业质量监督检验中心进行鉴定，该中心出具的《检验报告》亦确认案涉红茶未经精加工，所以案涉红茶属于食用农产品。《农产品质量安全法》对销售的农产品未按照规定进行包装、标识的情形已明确规定了如何处理，故不能转致适用《食品安全法》，泰顺县市场监管局和温州市市场监管局适用法律错误。法院最终撤销了行政处罚决定和行政复议决定。

从这个案例可以看出，初加工和深加工有时候难以用肉眼判断，可能需要送交第三方检测机构进行检测才能得出结论。但是，有一种情况仍需注意，假如将数种所谓的初级农产品混合在一起，包装好后取个新的名字进行销售，即使在标签上标明产品类别是“初级农产品”，也有可能被认定为改变了基本自然性状和化学性质。

案例 1.9 安徽某生物科技公司经营不符合食品安全标准的食品案①

安徽某生物科技公司营业执照登记的经营范围为代用茶生产销售、预包装食品批发兼零售、农副产品购销等。李某在安徽某生物科技公司的天猫店铺内购买“男人肾茶十宝锁阳肉苁蓉人参五宝茶滋补保健养生茶组合八宝枸杞茶”十盒，该产品标签显示如下信息：品名：十物组合；净含量：25×20包（代客分包）；生产日期：2020年1月5日；配料：锁阳、肉苁蓉、巴戟天、覆盆子、菟丝子、韭菜籽、玛咖、淫羊藿、枸杞、黄精；食用方法：泡酒、泡水、煲汤；储存方式：阴凉干燥处；保质期：12个月；厂名：安徽某生物科技公司；厂址：安徽亳州某产业园内；电话：0558-567××××；类别：初级农产品；用法及用量：每天一包开水冲泡，可反复冲泡4~5次，煎煮饮用效果更佳；禁忌人群：婴幼儿、孕妇、哺乳期妇女及未成年人禁用，有特殊疾病者慎用。

李某认为，案涉产品是“三无”产品，且安徽某生物科技公司所使用的食品原料锁阳、肉苁蓉、菟丝子、淫羊藿等不可以作为普通食品原料生产经营，所以案涉产品无论是外包装标识还是产品成分均不符合食品安全标准，要求退还货款并支付货款10倍的赔偿。

安徽某生物科技公司认为，李某购买的本店产品遵守了《农产品包装和标识管理办法》第10条和第17条规定，并非其所说的“三无”产品。另据《对北京市人民政府法制办公室〈关于在非药

① 广州互联网法院民事判决书，（2020）粤0192民初5723号。

品柜台销售滋补保健类中药材有关法律适用问题的请示〉的答复》（国法函〔2005〕59号）和《国家食品药品监督管理局关于非药品柜台销售以滋补保健类中药材为内容物的包装礼盒商品有关法律适用问题的批复》（国食药监市〔2006〕78号），非药品经营单位销售尚未实行批准文号管理的滋补保健类中药材，不需要领取《药品经营许可证》。案涉产品未添加其他物质，是作为初级农产品销售，不是作为保健食品和普通食品销售，所以不存在违法之处。

法院认为，案涉产品的配料虽然系从农业活动中获得，但案涉产品并非上述配料的单独存在，而是“十物组合”即由十种配料混合而成，消费者食用时亦是将该十种配料一并泡酒、泡水、煲汤等，因此，该产品的自然性状和化学性质已与原十种配料单独存在时相比发生了明显变化，不再属于源于农业的初级产品，符合《食品安全法》对食品的定义。而且，按照《卫生部关于进一步规范保健食品原料管理的通知》（卫法监发〔2002〕51号），案涉产品中含有的“淫羊藿、菟丝子”被列入上述通知附件2的《可用于保健食品的物品名单》中，而未有证据显示案涉产品已按照规定的程序申报批准或者经过安全性评估，故其作为普通食品公开销售可能存在安全风险，应当认定为不符合食品安全标准的食品。法院最终支持了李某的诉请。

三、对适用《关于开展农产品连锁经营试点的通知》（商建发〔2005〕1号）的商榷

我国的食品安全监管部门并未对食用农产品制定目录范围，反倒是商务部、财政部、国家税务总局在《关于开展农产品连锁经营试点的通知》（商建发〔2005〕1号）的附件《食用农产品范围注释》中，对食用农产品的范围进行了列举，分为植物类、畜牧类和渔业类三大类。植物类包括粮食，园艺植物，茶叶，油料植物，药

用植物，糖料植物，热带、南亚热带作物初加工和其他植物；畜牧类包括肉类产品、蛋类产品、奶制品、蜂类产品、其他畜牧产品；渔业类包括水产动物产品、水生植物和水产综合利用初加工品。再往下还有很多小类，乍一看如此分类似乎很专业，但是经不起推敲，比如，“蛋类产品”下面的第3小类是经加工的咸蛋、松花蛋、腌制的蛋等，这些明显是经过深加工的产品，并且《食品生产许可分类目录》将这些列为再制蛋类，需要取得生产许可证。然而，由于该通知的影响力太广，以至于不少法院的裁判文书也纷纷引用。

案例1.10　铁皮石斛粉是食品吗①

陈某通过云南普洱某公司在京东商城开设的官方旗舰店购买“妙香国草（MXGC）正宗特级铁皮枫斗石斛粉仿野生铁皮枫斗石斛礼盒装100g”57盒。该产品标签载明：产品名称，铁皮枫斗；原料，铁皮石斛；生产者为云南普洱某公司。陈某认为，该产品未在包装上标注执行标准，违反《食品安全法》，要求退款并支付货款10倍的赔偿。

云南普洱某公司认为，案涉产品的实物明确标明品名是铁皮石斛粉，该产品为铁皮石斛研磨为粉状，其只是改变了外形，没有添加任何其他原料，即使尚未被列入食药物质目录，也仍然是中药材而非普通食品。根据我国《药品管理法》的规定，生产新药或者有国家标准的药品需要经过国务院监督管理部门批准，并发给药品批准文号，但是生产没有批准文号管理的中药材中药饮片名录，不需要取得药品批准文号，故案涉产品也不用取得药品批准文号。陈某

① 一审：北京市丰台区人民法院民事判决书，（2018）京0106民初27196号；二审：北京市第二中级人民法院民事判决书，（2019）京02民终2798号；再审：北京市高级人民法院民事判决书，（2020）京民再56号。

主张案涉产品是食品且不符合食品安全标准，事实和法律依据均不足。

一审法院认为，根据目前我国相关规定，铁皮石斛仅限用于保健食品，未经安全性评价证明其使用安全性的，不得作为普通食品原料生产经营。如需开发用于普通食品生产，应按照《新食品原料安全性审查管理办法》规定的程序申报批准。案涉产品未取得保健品批准文号，应执行普通食品的相关标准和要求，其未在产品标签中注明产品标准代号，不符合食品安全标准的相关规定。一审法院支持了陈某的诉请。

二审法院认为，到目前为止，铁皮石斛没有被列入食药物质目录，铁皮石斛仅限用于保健食品，不能作为普通食品原料生产经营。案涉产品经过磨碎处理，改变了其基本自然性状，因此，案涉产品系以石斛为原料的普通食品，未在产品标签中注明产品标准代号，不符合食品安全标准的相关规定。二审法院维持了一审判决。

再审法院认为，根据《商务部、财政部、国家税务总局关于开展农产品连锁经营试点的通知》（商建发〔2005〕1 号）附件《食用农产品范围注释》中“（五）药用植物”的规定，用作中药原药的各种植物的根、茎、皮、叶、花、果实等药用植物和通过对各种药用植物的根、茎、皮、叶、花、果实等进行挑选、整理、捆扎、清洗、晾晒、切碎、蒸煮、密炒等处理过程，制成的片、丝、块、段等中药材，以及利用上述药用植物加工制成的片、丝、块、段等中药饮片都属于食用农产品；但是中成药不属于食用农产品范围。《食用农产品市场销售质量安全监督管理办法》（国家食品药品监管总局令第 20 号）[①] 第 57 条规定：食用农产品，指在农业活动中获得的供人食用的植物、动物、微生物及其产品。农业活动，指传统的

① 此办法被国家市场监督管理总局令第 81 号取代。

种植、养殖、采摘、捕捞等农业活动，以及设施农业、生物工程等现代农业活动。植物、动物、微生物及其产品，指在农业活动中直接获得的，以及经过分拣、去皮、剥壳、干燥、粉碎、清洗、切割、冷冻、打蜡、分级、包装等加工，但未改变其基本自然性状和化学性质的产品。根据上述规定，铁皮石斛这种药用植物的鲜条和干条都可以归类为食用农产品。

云南普洱某公司作为经营石斛、葛根等品种开发、种植、加工、销售的企业，将铁皮石斛这种药用植物的茎进行“低温风干”“超微处理”后出售，虽与上述两份文件中规定的“切碎”“粉碎”用词不同，云南普洱某公司也在网页宣称“不同于简单的磨碎工艺，克服了不易于吸收的弊端，能被人体更有效吸收”，但是这种超微粉碎处理的加工方式本质上还是一种粉碎工艺，粉碎过程中并无任何添加，并无充分证据证明通过这种工艺就改变了铁皮石斛的基本自然性状和化学性质，从而使铁皮石斛这种作为中药材的食用农产品变成食品。陈某未证明案涉产品存在质量问题并因此遭受损失，仅以案涉产品为食品但未在包装上标注执行标准、违反《食品安全法》相关规定为由，起诉要求退还货款并支付货款10倍的赔偿，缺乏事实和法律依据，不应予以支持。

四、豆芽的定性问题

关于豆芽到底是食用农产品还是深加工食品这个问题，相关行政部门多有争议。农业部门认为豆芽的生产经营应适用《食品安全法》，比如《农业部办公厅关于豆芽制发有关问题的函》（农办农函〔2014〕13号）中指出，豆芽属于豆制品，其制发过程不同于一般农作物的种植活动，生产经营应符合《食品安全法》的相关规定。而认为豆芽是食用农产品的观点占多数，比如原卫生部在《关于制发豆芽不属于食品生产经营活动的批复》（卫监督发〔2004〕212

号）指出，豆芽的制发属于种植生产过程，不属于《食品卫生法》调整的食品生产经营活动。商务部、财政部、国家税务总局在《关于开展农产品连锁经营试点的通知》（商建发〔2005〕1号）的附件《食用农产品范围注释》中，明确食用农产品是指可供食用的各种植物、畜牧、渔业产品及其初级加工产品，范围包括绿豆芽和黄豆芽。财政部、国家税务总局在《关于发布享受企业所得税优惠政策的农产品初加工范围（试行）的通知》（财税〔2008〕149号）中规定，食用豆类初加工，即通过对大豆、绿豆、红小豆等食用豆类进行清理去杂、浸洗、晾晒、分级、包装等简单加工处理，制成豆面粉、黄豆芽、绿豆芽，属于粮食初加工。相关国家标准也将豆芽归类为蔬菜，比如《食品安全国家标准　食品添加剂使用标准》（GB 2760－2014）中豆芽菜的分类为“新鲜蔬菜”而非“加工蔬菜”，《食品安全国家标准　食品中农药最大残留限量》（GB 2763－2021）附录中，绿豆芽、黄豆芽的类别为蔬菜（芽菜类）。

那么，到底如何对豆芽进行定性？笔者认为，厘清豆芽的身份，还是要回到食用农产品的定义。如前所述，食用农产品的获得体现了生物的生长过程，豆芽的制发本质上就是生物的生长，豆子“发芽”得到豆芽，所以豆芽应该是食用农产品，豆芽的制发不是传统的农业活动，因其无土栽培，可以称为设施农业。

至于豆芽如何监管？按照原农业部、原食品药品监管总局2014年签署的《农业部、食品药品监管总局加强食用农产品质量安全全程监管合作协议》，在食品安全属地管理的原则下，在省级及省级以下层面，由同级地方人民政府根据当地豆芽菜生产经营实际和监管机构设置情况，合理确定豆芽菜监管部门及其职责分工。也就是说，豆芽的监管部门，现在要么是农业部门，要么是市场监管部门。

第三节　食品添加剂、食品接触材料及制品

一、食品添加剂

食品添加剂，是指为改善食品品质和色、香、味以及为防腐、保鲜和加工工艺的需要而加入食品中的人工合成或者天然物质，包括营养强化剂。[①]《食品安全国家标准　食品添加剂使用标准》（GB 2760－2014）对食品添加剂的定义不包括营养强化剂，而是包括食品用香料、胶基糖果中基础剂物质、食品工业用加工助剂。实际上，在已废止的《食品添加剂使用卫生标准》（GB 2760－2014）和《食品安全国家标准　食品添加剂使用标准》（GB 2760－2011）中，食品添加剂的外延都包括了营养强化剂，而且，在《食品安全国家标准　食品添加剂使用标准（征求意见稿）》（食标秘发〔2021〕5 号）中，营养强化剂又回归到食品添加剂的外延之中。虽然截至目前尚未发布正式稿，但食品添加剂的外延包括营养强化剂应该是没有疑义的。由此，允许使用的食品添加剂共 23 类，即酸度调节剂、抗结剂、消泡剂、抗氧化剂、漂白剂、膨松剂、胶基糖果中基础剂物质、着色剂、护色剂、乳化剂、酶制剂、增味剂、面粉处理剂、被膜剂、水分保持剂、营养强化剂、防腐剂、稳定剂和凝固剂、甜味剂、增稠剂、食品用香料、食品工业用加工助剂、其他等。

没有食品添加剂就没有现代食品工业，这是食品行业的共识。《食品安全国家标准　食品添加剂使用标准》（GB 2760－2014）规

---

① 《食品安全法》第 150 条。

定了食品添加剂的使用原则、允许使用的食品添加剂品种、使用范围及最大使用量或残留量。严格按照该标准使用食品添加剂不会对人体造成危害。

食品添加剂使用中的“带入原则”规定在《食品安全国家标准　食品添加剂使用标准》（GB 2760－2014）的3.4.1：“在下列情况下食品添加剂可以通过食品配料（含食品添加剂）带入食品中：a）根据本标准，食品配料中允许使用该食品添加剂；b）食品配料中该添加剂的用量不应超过允许的最大使用量；c）应在正常生产工艺条件下使用这些配料，并且食品中该添加剂的含量不应超过由配料带入的水平；d）由配料带入食品中的该添加剂的含量应明显低于直接将其添加到该食品中通常所需要的水平。”“带入原则”的核心在于，食品配料中允许使用该食品添加剂。如果食品配料中不允许使用该食品添加剂，那就不能适用这个原则。

假如在监督抽检中检出某食品中的某食品添加剂超标，监管部门一般会根据《食品安全法》第124条第1款第3项的规定，以“生产经营超范围、超限量使用食品添加剂的食品”为由课以行政处罚。然而，某食品添加剂超标，有可能是生产者在生产过程中直接添加的，也有可能是配料带入的（即使该配料中不允许使用该食品添加剂），此时的性质应为生产者因过失采购并使用了食品添加剂超标的配料。如果无法证明是生产者在生产过程中直接添加的，那就不能适用《食品安全法》第124条第1款第3项，而应适用《食品安全法》第125条第1款第4项，以“食品生产经营者采购或者使用不符合食品安全标准的食品原料、食品添加剂、食品相关产品”为由进行处罚。

案例 1.11 东莞某食品公司因亮蓝超标被处罚[①]

东莞市市场监管局以东莞某食品公司生产（分装）的蓝莓果条中亮蓝项目经检验不合格为由，根据《食品安全法》第 124 条第 1 款第 3 项“违反本法规定，有下列情形之一，尚不构成犯罪的，由县级以上人民政府食品安全监督管理部门没收违法所得和违法生产经营的食品、食品添加剂……货值金额一万元以上的，并处货值金额十倍以上二十倍以下的罚款：……（三）生产经营超范围、超限量使用食品添加剂的食品”的规定，决定没收超范围使用食品添加剂的蓝莓果条、没收违法所得，并处违法产品货值金额 10 倍的罚款。

但是，东莞某食品公司发现，复检机构出具的 NZJ（2021）SP01－08670Z 号复检报告中，亮蓝的检验结果是 0.015mg/kg，判定为不合格，检测依据为《食品安全国家标准　食品中合成着色剂的测定》（GB 5009.35－2016）。该标准“8 其他”规定，“方法检出限：柠檬黄、新红、苋菜红、胭脂红、日落黄均为 0.5mg/kg，亮蓝、赤藓红均为 0.2mg/kg（检测波长 254nm 时亮蓝检出限为 1.0mg/kg，赤藓红检出限为 0.5mg/kg）”。亮蓝的复检结果 0.015mg/kg 低于检出限 0.2mg/kg（检测波长 254nm 时亮蓝检出限为 1.0mg/kg）。而根据《食品卫生检验方法　理化部分 总则》（GB/T 5009.1－2003）附录 A“A.2”对检出限所作的定义，“把 3 倍空白值的标准偏差（测定次数 n≥20）相对应的质量或浓度称为检出限”，以及该标准 10.4 的规定，“如果分析结果在方法的检出限以下，可以用‘未检出’表述分析结果，但应注明检出限数值”，复检报告对亮蓝的判定结论应为“未检出”，也就是合格。东莞某食

① 东莞市市场监督管理局行政处罚决定书，东市监罚〔2021〕Z10914A2 号；东莞市人民政府行政复议决定书，东府行复〔2021〕1371 号。在该案中，ULAWYER 团队代理东莞某食品公司。

品公司据此认为，东莞市市场监管局的处罚决定证据不足，遂向东莞市政府申请行政复议。

同时，东莞某食品公司认为，东莞市市场监管局的处罚决定还存在法律适用错误的问题，本案应适用《食品安全法》第 125 条第 1 款第 4 项的规定。因为：

第一，东莞市市场监管局没有证据证明东莞某食品公司在案涉产品生产过程中直接添加了亮蓝。东莞市市场监管局在《行政处罚决定书》中确认，东莞某食品公司购进大兴安岭某珍品开发公司生产的蓝莓果条作为原料，东莞某食品公司案涉产品的生产过程仅为简单分装。分装是指将大包装食品经单纯性分装或添加少量其他成分（不改变食品属性）后分装成定量的小包装食品的生产行为。东莞市市场监管局在后续的《行政复议答复书》中也确认，执法人员对东莞某食品公司的原料间、生产车间、成品仓库、留样室等场所进行现场检查，在原料间未见有食品添加剂亮蓝。

第二，东莞某食品公司对购进的蓝莓果条原料进行检测时没有检测亮蓝项目，存在过失。东莞某食品公司与大兴安岭某珍品开发公司签订的《半成品购销合同》约定，东莞某食品公司向大兴安岭某珍品开发公司采购蓝莓条，产品质量应符合《食品安全国家标准 蜜饯》（GB 14884－2016）的要求。而《食品安全国家标准 蜜饯》（GB 14884－2016）3.5 规定，食品添加剂的使用应符合 GB 2760 的规定。根据《食品安全国家标准 食品添加剂使用标准》（GB 2760－2014）的规定，可以使用亮蓝的产品不包括蓝莓条所属的蜜饯类型“果糕类”。也就是说，大兴安岭某珍品开发公司应该对其向东莞某食品公司提供的蓝莓条进行亮蓝项目检测，其并没有做到这一点。东莞某食品公司虽然也对购入的蓝莓条进行了进货检测，由于疏忽大意并没有检测亮蓝项目。

所以，东莞某食品公司的行为是采购或者使用不符合食品安全标准的食品原料，应适用《食品安全法》第125条第1款第4项的规定。

在行政复议过程中，复检机构修改了复检报告，也就是将亮蓝的检验结果0.015mg/kg修改为0.015g/kg，从而使其超过了检出限，并解释为是工作人员的失误。东莞市市场监管局将修改后的复检报告提交东莞市政府，东莞市政府予以采纳。东莞市政府也未接受东莞某食品公司关于法律适用错误的申辩，最终维持了东莞市市场监管局的处罚决定。但《行政复议决定书》中的说理并不令人信服，尤其是东莞市政府接受修改后的复检报告的行为，明显违背了行政法中的"案卷主义"原则。① 遗憾的是，东莞某食品公司出于种种原因的考虑，最终放弃提起行政诉讼。

二、食品接触材料及制品

根据《食品安全国家标准　食品接触材料及制品通用安全要求》（GB 4806.1－2016）2.1的规定，食品接触材料及制品，是指在正常使用条件下，各种已经或预期可能与食品或食品添加剂接触、或其成分可能转移到食品中的材料和制品，包括食品生产、加工、包装、运输、贮存、销售和使用过程中用于食品的包装材料、容器、工具和设备，及可能直接或间接接触食品的油墨、黏合剂、润滑油等，不包括洗涤剂、消毒剂和公共输水设施。与之既有联系又有区别的概念是食品相关产品。食品相关产品是指用于食品的包装材料、容器、洗涤剂、消毒剂和用于食品生产经营的工具、设备。② 两个概

① 在本书第四章第二节中会对"案卷主义"原则进行阐述并再次引用该案例。

② 《食品安全法》第2条第1款第3项，《食品相关产品质量安全监督管理暂行办法》（国家市场监督管理总局令第62号）第38条。《食品相关产品质量安全监督管理暂行办法》规定了食品相关产品生产者、销售者的主体责任及生产全过程控制的具体要求（食品相关产品生产者要建立原辅料控制、生产关键环节控制、检验控制以及运输交付控制等制度，销售者要建立食品相关产品进货查验制度），同时明确了食品相关产品质量安全追溯制度、召回管理制度、标签标识管理制度等。

念的外延有一定的重合。

直接接触食品的包装材料实行生产许可制度，因为此类产品风险较高。《国务院关于调整工业产品生产许可证管理目录　加强事中事后监管的决定》（国发〔2019〕19 号）所规定的继续实施工业产品生产许可证管理的产品目录中也包含直接接触食品的材料等相关产品。而《工业产品生产许可证管理条例》第 1 条明确指出，该条例的立法目的是“保证直接关系公共安全、人体健康、生命财产安全的重要工业产品的质量安全，贯彻国家产业政策，促进社会主义市场经济健康、协调发展”，那么可以说，食品接触材料及制品属于“直接关系公共安全、人体健康、生命财产安全的重要工业产品”，所以我国制定了一系列有关食品接触材料及制品的强制性国家标准，比如，《食品安全国家标准　食品接触材料及制品通用安全要求》（GB 4806.1－2016）以及从 GB 4806.2 到 GB 4806.12 的数个产品标准（依次为：奶嘴、搪瓷制品、陶瓷制品、玻璃制品、食品接触用塑料树脂、食品接触用塑料材料及制品、食品接触用纸和纸板材料及制品、食品接触用金属材料及制品、食品接触用涂料及涂层、食品接触用橡胶材料及制品、食品接触用竹木材料及制品）等。

对于食品生产企业来说，除了要确保食品接触材料及制品的迁移量、使用量、残留量等符合相关食品安全国家标准外，还应特别注意两个方面的问题。

第一，食品接触材料及制品的进货查验义务。食品生产企业不得采购或者使用不符合食品安全标准的食品相关产品，否则“由县级以上人民政府食品安全监督管理部门没收违法所得和违法生产经营的食品、食品添加剂，并可以没收用于违法生产经营的工具、设备、原料等物品；违法生产经营的食品、食品添加剂货值金额不足一万元的，并处五千元以上五万元以下罚款；货值金额一万元以上的，并处货值金额五倍以上十倍以下罚款；情节严重的，责令停产停业，直至吊销许可证”。[①]

案例 1.12　上海某食品公司使用重金属超标的包装袋被处罚[②]

上海某食品公司于 2019 年开始向上海某包装公司采购相关食品包材产品。其中，由上海某包装公司生产的某批次 NCBT4#袋、某批次 NCBT8#袋、某批次 NCBT12#袋以及某批次法棍袋，经市场监管部门抽检，检验结果为铅含量指标不符合《食品安全国家标准　食品接触用纸和纸板材料及制品》（GB 4806.8－2016）中铅（Pb）≤3.0mg/kg 标准要求。上海某食品公司采购、使用的上述包装袋的货值金额共计 50016.25 元，无违法所得。市场监管部门认定，上海某食品公司违反了《食品安全法》第 50 条第 1 款“不得采购或者使用不符合食品安全标准的食品原料、食品添加剂、食品相关产品”的规定，根据《食品安全法》第 125 条第 1 款第 4 项的规定，决定对上海某食品公司处以货值金额 5 倍的罚款。

第二，预包装食品内的食品接触材料及制品应进行产品标识。假如生产一种预包装 DIY 糖果，内有糖粉以及用于制作软糖的塑料杯、滴管、压缩袋、勺子、筷子、牙签等工具。这些工具用于制作软糖这一食品，即预期会与食品接触，符合《食品安全国家标准　食品接触材料及制品通用安全要求》（GB 4806.1－2016）对食品接触材料及制品的定义，应当认定为食品接触材料及制品，那么也就应当按照 GB 4806.1－2016“8　产品信息”的规定进行产品标识。2009 年修订的《食品标识管理规定》（国家质量监督检验检疫总局令

① 《食品安全法》第 125 条第 1 款第 4 项。

② 上海市普陀区市场监督管理局行政处罚决定书，沪市监普处〔2022〕072022000460 号。

2009年第123号）第15条对此明确规定："混装非食用产品易造成误食，使用不当，容易造成人身伤害的，应当在其标识上标注警示标志或者中文警示说明。"

三、"三新食品"

"三新食品"是指新食品原料、食品添加剂新品种、食品相关产品新品种。新食品原料已如前文所述，此处只涉及食品添加剂新品种和食品相关产品新品种。

根据2017年修正的《食品添加剂新品种管理办法》（国家卫生和计划生育委员会令第18号）第2条的规定，食品添加剂新品种是指：（1）未列入食品安全国家标准的食品添加剂品种；（2）未列入国家卫生计生委公告允许使用的食品添加剂品种；（3）扩大使用范围或者用量的食品添加剂品种。根据《食品相关产品新品种行政许可管理规定》（卫监督发〔2011〕25号）第2条的规定，食品相关产品新品种是指用于食品包装材料、容器、洗涤剂、消毒剂和用于食品生产经营的工具、设备的新材料、新原料或新添加剂。具体包括：（1）尚未列入食品安全国家标准或者卫生部公告允许使用的食品包装材料、容器及其添加剂；（2）扩大使用范围或者使用量的食品包装材料、容器及其添加剂；（3）尚未列入食品用消毒剂、洗涤剂原料名单的新原料；（4）食品生产经营用工具、设备中直接接触食品的新材料、新添加剂。[①]

生产食品添加剂新品种、食品相关产品新品种，与利用新的食品原料生产食品一样，都要向国务院卫生行政部门申请安全性评估，包括进口利用新的食品原料生产的食品或者进口食品添加剂新品种、

---

① 《食品相关产品新品种申报与受理规定》（卫监督发〔2011〕49号）的相关规定与之配套。

食品相关产品新品种。目前，“三新食品”的申报及审批均由国家卫生健康委员会负责，获批后，会在国家卫生健康委员会政务服务平台网站上以“公告”的形式发布，公告的法律效力实质上等同于食品安全国家标准，企业可依据公告的相关内容进行产品的生产、销售或合规使用。自 2019 年起，新食品原料、食品添加剂新品种、食品相关产品新品种合并以“三新食品”公告形式发布，在此之前，分别是以独立的公告发布。

第二章

食品生产经营资质和过程管理

从马克思主义政治经济学的角度来看，任何商品的生产，本质上是劳动者与生产资料相结合的过程，这可能是最早的“人货场”理论。具体到食品企业，“人”即从业人员（包括食品安全专业技术人员、食品安全管理人员等），“货”即生产出来的食品，“场”即生产场所（包括食品相关产品等生产资料）。同时，“人”与“场”的结合还需依靠“软件”，即合理的设备布局和工艺流程以及保证食品安全的规章制度。那么，“人”与“场”也可视之为“硬件”。此外，对“货”的要求是内外兼修，“内”是指内在的质量安全，需要通过检验的手段进行确证；“外”是指外在的包装和标签应符合规定。

第一节 食品生产经营许可

一、食品生产许可的一般流程

根据《国务院关于取消和调整一批行政审批项目等事项的决定》（国发〔2014〕50 号），食品生产许可改为后置审批，所以，申请食品生产许可，应当先行取得营业执照等合法主体资格。但是，申请生产许可的食品类别不是必须在营业执照载明的经营范围内。[①]

食品生产许可实行一企一证原则，即同一个食品生产者从事食品生产活动，应当取得一个食品生产许可证。[②] 市场监管部门按照食品的风险程度，结合食品原料、生产工艺等因素，对食品生产实施分类许可，此处的分类即指《食品生产许可分类目录》中的前 31 大类。[③] 值得注意的是，《上海市食品安全条例》第 19 条第 2 款规定，以食用农产品为原料，经清洗、切配、消毒等加工处理，生产供直接食用食品的，应当依法办理食品生产许可。此类食品主要是即食蔬果，按照本书第一章关于食用农产品的分析，此类食品应该是食用农产品，但考虑到食品安全风险较大，故上海市将其纳入许可管理，并发布了《上海市即食蔬果生产许可审查细则》（沪市监规范〔2022〕15 号）。广西壮族自治区市场监督管理局办公室印发的《关于印发即食蔬果和食用燕窝（非即食）两个生产许可审查细则的通

---

① 《食品生产许可审查通则（2022 版）》问答，载国家市场监督管理总局官网，https://www.samr.gov.cn/xw/zj/art/2023/art_f7e812447eef4fe49fe53dd58df2ccd5.html，最后访问日期：2023 年 6 月 28 日。

② 《食品生产许可管理办法》（国家市场监督管理总局令第 24 号）第 4 条。

③ 《食品生产许可管理办法》（国家市场监督管理总局令第 24 号）第 5 条、第 11 条第 1 款。

知》和河北省市场监督管理局印发的《关于印发〈即食鲜切果蔬生产许可审查方案〉的通知》（冀市监规〔2021〕4 号）也有类似规定。①

根据《食品生产许可管理办法》（国家市场监督管理总局令第 24 号）第 49 条的规定，未取得食品生产许可从事食品生产活动，或者虽然取得了食品生产许可，但是生产的食品不属于食品生产许可证上载明的食品类别，都属于无证生产，都应该受到行政处罚，处罚依据是《食品安全法》第 122 条第 1 款。同时，无论是否取得食品生产许可，有些食品法律是禁止生产的，这些情形规定在《食品安全法》第 34 条、第 37 条、第 38 条。这些情形有的是根本不可能取得生产许可，有的则是取得了生产许可、但生产出来的食品不符合食品安全标准。所以，《食品安全法》根据这些情形本身性质的严重程度，从第 123 条至第 125 条由重到轻依次规定了罚则。

《食品安全法》第 33 条第 1 款规定了从事食品生产应当符合的要求，《食品生产许可管理办法》（国家市场监督管理总局令第 24 号）第 12 条对此进行了重申，这些要求可概括为“人”、“场”和“软件”三个方面，需要提交的申请材料也是这三个方面。② 市场监管部门受理申请后对申请材料进行审查，必要时进行现场核查。对首次申请许可或者增加食品类别的变更许可，还要核查试制食品的检验报告（试制食品不得作为食品进行销售）。根据材料审查和现场核查情况，认为符合条件的，市场监管部门作出准予生产许可的决

---

① 对此其实已有国家标准进行规定，即《食品安全国家标准　即时鲜切果蔬加工卫生规范》（GB 31652－2021）。

② 《食品生产许可管理办法》（国家市场监督管理总局令第 24 号）第 13 条规定：“申请食品生产许可，应当向申请人所在地县级以上地方市场监督管理部门提交下列材料：（一）食品生产许可申请书；（二）食品生产设备布局图和食品生产工艺流程图；（三）食品生产主要设备、设施清单；（四）专职或者兼职的食品安全专业技术人员、食品安全管理人员信息和食品安全管理制度。”

定，食品生产许可证发证日期为许可决定作出的日期，有效期为5年。

按照《食品生产许可管理办法》（国家市场监督管理总局令第24号）的规定，现场核查是在发证之前，即先审后证。近年来，随着行政审批制度的改革，有些地方探索实行告知承诺、先证后审，如上海。《上海市市场监督管理局关于在全市范围内推广〈食品生产许可证核发〉（低风险食品）实施告知承诺的通知》（沪市监食生〔2021〕3号）将前期在上海自贸试验区内试点的《食品生产许可证核发》（低风险食品）实施告知承诺的改革举措，在全市范围内推广实施，即先行取得营业执照等合法主体资格的申请人，依法提出低风险食品生产许可申请，市场监管部门一次告知其审批条件和需要提交的材料，申请人承诺其符合审批条件，由市场监管部门作出食品生产行政审批决定。

实施生产许可告知承诺的食品包括：（1）粮食加工品类别中的小麦粉、大米、挂面、其他粮食加工品；（2）调味品类别中的味精；（3）可可及焙烤咖啡产品类别中的可可制品、焙炒咖啡；（4）食糖类别中的糖；（5）淀粉及淀粉制品类别中的淀粉糖。所谓"后审"，就是市场监管部门在作出准予行政审批决定后2个月内，对被审批人的承诺内容是否属实进行检查。发现被审批人实际情况与承诺内容不符的，要求其在1个月内整改并提交整改报告。逾期拒不整改或者整改后仍不符合要求的，市场监管部门依法撤销行政审批决定。

2022年，上海继续深入探索，根据《上海市市场监督管理局关于在中国（上海）自由贸易试验区内实施食品（含食品添加剂）生产许可告知承诺改革的通知》（沪市监食生〔2022〕128号），从2022年4月1日起，在上海自贸试验区内，食品生产许可全部31类食品和食品添加剂中，除保健食品、婴幼儿配方食品和特殊医学用途配方食品3类特殊食品外，其他28类普通食品和食品添加剂全面实施生产许可告知承诺改革。同时，允许市场主体自愿选择告知承诺审批或者原有优化服务审批方式。

此外，为激发食品生产领域的源头创新，让既有研发中心、又有生产工厂的食品企业在最小风险范围内测试消费市场，2023 年 2 月，上海市市场监管局为联合利华（中国）有限公司上海分公司颁发首张“一址两用”食品生产许可证，也即原本只能进行食品研发的研发中心，可以直接从事食品生产。① 此举打破了对于食品生产场地只能专用的固有要求，有利于食品企业加快新品的上市速度。

二、分装和委托生产

（一）分装

原卫生部在《关于食品分装加工及分装食品监督管理有关问题的批复》（卫监督发〔2004〕310 号）中提到，单纯性分装或添加少量其他成分后分装的定型包装食品皆属于分装的范畴。需要注意的是，添加少量其他成分不应改变被加工食品的属性。但目前未见相关法律法规对食品分装有明确的定义。

分装与包装有本质区别。将散装食品进行包装、称重后销售是一种服务行为，不属于生产行为，对于不改变最终销售单元的“包装”行为，不应认定为以分装方式生产食品。而分装是将食品的最小单元包装（直接接触食品的包装）拆除后再次包装销售，容易出现二次污染问题，对环境、工艺、人员操作等有一定的要求，应认定为生产行为。

根据《食品生产许可审查通则（2022 版）》（国家市场监督管理

---

① 《在研发中心直接生产！上海率先颁发首张“一址两用”食品生产许可证》，载微信公众号“上海市场监管”2023 年 2 月 27 日，https：//mp. weixin. qq. com/s/ZGmsH-sLbfvGVFxCpLAEFCA，最后访问日期：2023 年 2 月 28 日。

总局公告2022年第33号），分装生产的，应在相应品种明细后注明。目前，允许分装的食品包括：0102大米、0104其他粮食加工品（谷物加工品、谷物碾磨加工品）、0201食用植物油、0303味精、0702其他方便食品（仅纯麦片允许分装）、1301糖果、1302巧克力及巧克力制品、1303代可可脂巧克力及代可可脂巧克力制品、1401茶叶、1404代用茶、1602蔬菜干制品、1603食用菌制品、1701蜜饯、1702水果制品、1801炒货食品及坚果制品、2002焙炒咖啡、2101糖、2201干制水产品、2202盐渍水产品、2301淀粉及淀粉制品（淀粉）、2302淀粉糖、2501豆制品（仅腐竹允许分装）、2601蜂蜜、2602蜂王浆（含蜂王浆冻干品）、2603蜂花粉、2604蜂产品制品。

有一种情况需要注意，即食品组合的问题，就是将多个独立包装、可单独销售的食品进行简单的组合包装后，作为一个销售单元进行销售。如果组合包装的所有食品均为外购，不涉及对食品本身的生产加工，则不属于食品生产活动，无须取得食品生产许可，但必须保持内含食品的原有状态，不得对其原包装进行拆分或其他任何形式的改变，而且，经组合包装形成的最终销售单元，其标签标识必须符合《食品安全国家标准　预包装食品标签通则》（GB 7718－2011）的相关要求①；如果生产其中的部分或全部食品，且属于食品生产许可范围的，那就不是简单的组合包装，应该取得食品生产许可。

（二）委托生产

委托生产是指委托方以合约形式委托他人生产加工食品，然后

---

①《食品安全国家标准　预包装食品标签通则》（GB 7718－2011）3.10和3.11及《〈食品安全国家标准　预包装食品标签通则〉（GB 7718－2011）问答（修订版）》十七。

以委托方的名义进行销售的行为。[①] 委托生产不需要备案，因为2015年修订《食品生产许可管理办法》时取消了委托加工备案。当时的食药总局相关负责人曾就《食品生产许可管理办法》答记者问，明确委托加工属于市场行为，行政部门不应干涉，食品生产委托双方只需要根据法律法规和食品安全国家标准真实标注委托方和被委托方的名称、地址和联系方式，以及被委托方的食品生产许可证等信息即可。[②]

被委托方作为实际的食品生产者，必须取得食品生产许可证且许可范围应涵盖被委托生产的食品品种自不待言，委托方则无须取得食品生产许可证（至少目前的法律法规没有规定委托方必须取得食品生产许可证），但其必须取得食品经营许可证，且经营项目需涵盖委托生产的食品品种。即使委托方持有食品生产许可，笔者认为，其也应办理食品经营许可，因为对于委托加工的食品而言，委托方的身份属于食品经营者。而仅销售预包装食品的食品经营者委托其他企业进行生产，则可以不需要经营许可，仅在销售活动开展前完成备案即可。《市场监管总局关于仅销售预包装食品备案有关事项的公告》（国家市场监督管理总局公告2021年第40号）对此进行了重申和细化。

委托生产中，委托方和被委托方之间关系的核心是监督与被监督，也就是说，委托方要对受托方的生产行为进行监督，对委托生产的食品安全负责，受托方要依照法律、法规、食品安全标准以及

---

① 目前我国没有关于委托生产的监管办法，但从《市场监管总局关于印发2022年立法工作计划的通知》（国市监法发〔2022〕50号）可知，《食品委托生产监督管理办法》的制定已经提上日程。

② 食品药品监管总局相关负责人就《食品生产许可管理办法》答记者问，载中央人民政府官网，http://www.gov.cn/xinwen/2015-09/30/content_2941662.htm，最后访问日期：2023年2月28日。

合同约定进行生产，对生产行为负责，并接受委托方的监督。① 那么，假如在监督抽检中，委托生产的食品不合格，应该由谁承担法律责任呢？2017 年，原广西壮族自治区食品药品监督管理局曾函询原国家食品药品监督管理总局“在食品委托生产中如何确定生产者”，原食药总局食监三司《关于〈关于请予明确在食品委托生产中如何确定生产者的函〉的复函》（食药监食监三便函〔2017〕135 号）称，食品委托生产是一种民事委托行为，代理人在代理权限内，以被代理人的名义实施民事法律行为；被代理人对代理人的代理行为，承担民事责任。因此，被委托方（代理人）为实际的食品生产加工者，委托方（被代理人）是法律意义上的食品生产者，并对该食品承担质量安全责任。委托方（被代理人）在承担了食品质量安全责任后，可以依据双方的委托加工合同，就产品质量安全违约责任向被委托方（代理人）进行追偿。该复函在多个行政复议决定和司法裁决中被援引。②

所以，对于委托生产的双方而言，签订一份完备的委托生产合同是十分必要的。合同中应详细约定委托加工食品的名称、品种、数量/规格、工艺要求、执行标准及质量要求、包装要求、验收标准及方法、交付时间及地点、加工费用以及双方的权利义务等。如果涉及商标、专利等知识产权，还要进行核实，避免产生侵权纠纷。虽然商标使用授权是委托生产的题中应有之义（否则被委托方无法在食品的标签和包装上使用委托方的商标），双方仍应对商标使用进行约定，但此时无须支付商标使用费，这区别于纯粹的商标使用授权。委托生产情况下，所生产的食品归属委托方、由委托方进行销

① 《食品安全法实施条例》第 21 条。

② 例如，浙江省杭州市滨江区人民政府杭滨政复（2020）45 号行政复议决定书、安徽省蚌埠市蚌山区人民政府蚌山政复（2021）14 号行政复议决定书、青海省海东市人民政府东府复决字（2021）4 号行政复议决定书、北京市东城区人民法院（2019）京 0101 行初 294 号行政裁定书等。

售，而纯粹的商标使用授权情况下，所生产的食品归属被授权方、由被授权方进行销售，被授权方应支付商标使用费。

案例 2.1 将委托生产的食品拆封后散装销售是否违法[①]

林某在北京某生物科技公司的天猫店铺购买“淡干海参 50～60 头野生深海底播 6～7 年刺参干货 500g 礼盒”2 份。后林某举报至北京市丰台区市场监管局，称该产品没有生产方信息和保质期，只有一个生产日期，认为不符合食品安全标准，要求予以查处。北京市丰台区市场监管局查明，北京某生物科技公司营业执照及食品经营许可证记载，该公司经营范围包含“批发（非实物方式）预包装食品，销售保健食品，预包装食品销售（不含冷藏冷冻食品）；散装食品销售（不含冷藏冷冻食品，不含熟食）”。该公司委托烟台某海珍品公司生产干海参（烟台某海珍品公司具有干海参的生产许可证），其再将标签完备的大包装干海参拆封后以散装称重形式通过网络对外销售，已通过网络页面形式向消费者明示案涉食品的生产日期、批号、保质期、生产者名称、地址、联系方式等内容，行为并无不当，遂不予查处。林某不服，向北京市市场监管局提起行政复议，仍未得到支持后起诉至北京互联网法院。

北京互联网法院认为，本案有三个争议焦点：（1）案涉食品属于散装食品还是预包装食品；（2）北京某生物科技公司的散装销售行为是否属于未经许可从事食品生产经营的行为；（3）北京某生物科技公司仅在电商平台销售页面明示案涉食品的生产日期、批号、保质期、生产者名称、地址、联系方式等是否妥当。

关于争议焦点一。法院认为，在认定食品是否属于预包装食品

---

① 一审：北京互联网法院行政判决书，（2020）京 0491 行初 6 号；二审：北京市第四中级人民法院行政判决书，（2021）京 04 行终 9 号。

时，不能仅从食品包装后最终呈现的状态来认定，更应该从食品的生产主体是否具备食品生产加工资质，生产方式是否及时加工制作、销售以及保质期限等因素进行综合考量。预包装食品不能等同于有包装食品，其核心意义强调食品起始状态和生产加工条件，而非最终状态。本案中，北京某生物科技公司从烟台某海珍品公司进货，根据购买者要求的数量将大包来货进行散装销售，可以认定其销售的是散装食品而不是预包装食品。

关于争议焦点二。法院认为，北京某生物科技公司的经营范围中包含“散装食品销售”，该公司在提供给北京市丰台区市场监管局的《情况说明》中自述，收到烟台某海珍品公司的大包来货后，要拆封整理海参的断刺断足，检查挑选，再根据顾客的订购量称重，放到指定或通用包装里出售。北京某生物科技公司的散装销售过程未改变海参的物理性状和化学性质，不属于未经许可从事生产经营的行为，无须取得食品生产许可证。

关于争议焦点三。法院认为，我国《食品安全法》第68条中“散装食品的容器、外包装”应理解为放置整包散装食品的容器、外包装，而非扩展至将整包散装食品分别称量后再分别进行包装的容器或外包装。北京某生物科技公司通过网络对外销售案涉食品，其在店铺销售页面已对外公示案涉食品的生产日期、批号、保质期、生产者名称、地址、联系方式等内容，有助于消费者了解案涉食品的具体信息，符合《食品安全法》关于散装食品标签标示的规定。

最终，北京互联网法院驳回了林某的诉讼请求。二审法院维持一审判决。

笔者认为，上述案件的判决值得商榷。烟台某海珍品公司具有干海参的生产许可证，此干海参已经不是食用农产品，而是深加工食品，法院认为“北京某生物科技公司的散装销售过程未改变海参的物理性状和化学性质”的观点似乎把这里的干海参当成了食用农产品，有待商榷。而且，两审法院都回避了分装的问题。如前所述，干制水产品允许分装，其品种明细包括干海参。北京某生物科技公司虽然收到的是大包来货，但该“大包”仍然是最小销售单元，因为该“大包”直接接触食品。虽然北京某生物科技公司根据顾客的订购量将大包来货称重后包装销售，并非定型包装，可以勉强认定为散装食品，但其没有取得分装资质仍可苛责。此外，由于北京某生物科技公司与烟台某海珍品公司之间是委托生产关系，其没有明示该层关系也是一个瑕疵。上述案件反映了生活中一个常见的现象，就是把预包装食品拆封后进行散装销售，虽然目前对此没有禁止性规定，但就保障食品安全的角度而言，销售者的这种做法无疑加大了自己的责任。

三、食品生产加工小作坊

目前，大部分省份制定了单独的食品生产加工小作坊和食品摊贩管理办法（虽然名称不一），少部分省份将其规定在本省的食品安全条例中。在这些地方立法当中，大部分是地方性法规，少部分是地方政府规章，个别省份则是地方政府部门规章，见表2－1。

表2－1　食品生产加工小作坊和食品摊贩地方立法

地方性法规	《吉林省食品小作坊小餐饮店小食杂店和食品摊贩管理条例》
	《浙江省食品小作坊小餐饮店小食杂店和食品摊贩管理规定》（2021年修正）
	《山西省食品小作坊小经营店小摊点管理条例》（2021年修正）
	《江苏省食品小作坊和食品摊贩管理条例》（2021年修正）
	《甘肃省食品小作坊小经营店小摊点监督管理条例》（2020年修订）
	《青海省食品生产加工小作坊和食品摊贩管理条例》（2020年修正）
	《湖南省食品生产加工小作坊小餐饮和食品摊贩管理条例》（2020年修正）

续表

	《广西壮族自治区食品小作坊小餐饮和食品摊贩管理条例》（2020 年修正）
	《陕西省食品小作坊小餐饮及摊贩管理条例》（2019 年修正）
	《河北省食品小作坊小餐饮小摊点管理条例》（2019 年修正）
	《宁夏回族自治区食品生产加工小作坊小经营店和食品小摊点管理条例》（2019 年修正）
	《新疆维吾尔自治区食品小作坊、小餐饮店、小食杂店和食品摊贩管理条例》
	《河南省食品小作坊、小经营店和小摊点管理条例》
	《山东省食品小作坊小餐饮和食品摊点管理条例》
	《江西省食品小作坊小餐饮小食杂店小摊贩管理条例》（2019 年修正）
	《四川省食品小作坊、小经营店及摊贩管理条例》
	《重庆市食品生产加工小作坊和食品摊贩管理条例》
	《广东省食品生产加工小作坊和食品摊贩管理条例》
	《内蒙古自治区食品生产加工小作坊和食品摊贩管理条例》
	《北京市小规模食品生产经营管理规定》
	《黑龙江省食品安全条例》（2021 年修正）
	《辽宁省食品安全条例》（2022 年修正）
	《贵州省食品安全条例》（2020 年修正）
	《湖北省食品安全条例》（2021 年修正）
	《安徽省食品安全条例》（2020 年修订）
	《福建省食品安全条例》（2021 年修正）
地方政府规章	《西藏自治区食品生产加工小作坊小餐饮店小食杂店和食品摊贩管理办法》
	《海南省食品生产加工小作坊监督管理办法》
	《云南省食品生产加工小作坊和食品摊贩管理办法》
	《天津市食品生产加工小作坊和食品摊贩监督管理办法》
地方规范性文件	《上海市食品生产加工小作坊监督管理办法》

《食品安全法》中并没有对食品生产加工小作坊进行明确定义。《食品生产加工小作坊质量安全控制基本要求》（GB/T 23734－2009）对食品生产加工小作坊的定义是：依照相关法律、法规从事食品生产，有固定生产场所，从业人员较少，生产加工规模小，无预包装或者简易包装，销售范围固定的食品生产加工（不含现做现卖）的单位或个人。各省立法对食品生产加工小作坊的定义大同小异，监督管理规定方面也具有较大的共性。比如，对小作坊生产的食品实行品种目录管理，规定小作坊不得分装以及接受委托生产，“人”“货”“场”以及软件方面的规定亦与核发食品生产许可的要求没有本质区别，因为小作坊虽然因其小而有存在的必然性，但从食品安全的角度来说，不会因其小而降低要求。以重庆忠县毛妈妈土特产经营部销售无标签的扣碗被索赔一案为例。毛妈妈土特产经营部取得了食品生产加工小作坊许可和食品经营许可，其因销售的扣碗未贴标签而被消费者诉至法院要求退一赔十，索赔金额近 5 万元，一审、二审法院均支持了消费者的诉请。毛妈妈土特产经营部仍不服，向重庆市高级人民法院申请再审。① 抛开提起诉讼的人是否职业索赔人、是否应该退一赔十不谈，毛妈妈土特产经营部生产的扣碗是散装食品无疑（不是现制现售食品，因为其“制”“售”的时空是分离的），其未在扣碗上贴标签的行为确实违反了法律法规的

① 李春森、毛世洲、李俊涛：《“毛妈妈”委屈吗?》，载忠州新闻网，http://www.zzxw.net/2022/0422/209108.shtml，最后访问日期：2023 年 2 月 28 日。截至本书成稿，在中国裁判文书网上仍未搜到该案的再审裁判文书。

相关规定。①

四、食品经营许可和备案

食品经营包括食品销售和餐饮服务，食品经营许可也是后置审批，即申请食品经营许可，应当先行取得营业执照等合法主体资格。② 食品经营许可和备案原则上实行“一地一证”，即食品经营者在不同经营场所从事食品经营活动的，应当依法分别取得食品经营许可或者进行备案。但通过自动设备从事食品经营活动或者仅从事食品经营管理活动的，取得一个经营场所的食品经营许可或者进行备案后，即可在本省级行政区域内的其他经营场所开展已取得许可或者备案范围内的经营活动。③

申请食品经营许可，应当按照食品经营主体业态和经营项目分类提出。食品经营主体业态分为食品销售经营者、餐饮服务经营者、集中用餐单位食堂。食品经营项目则分为食品销售、餐饮服务和食品经营管理三类，其中，食品销售包括散装食品销售、散装食品和预包装食品销售，餐饮服务包括热食类食品制售、冷食类食品制售、生食类食品制售、半成品制售、自制饮品制售等，食品经营管理包括食品销售连锁管理、餐饮服务连锁管理、餐饮服务管理等。④

---

① 《食品安全法》第 68 条规定：“食品经营者销售散装食品，应当在散装食品的容器、外包装上标明食品的名称、生产日期或者生产批号、保质期以及生产经营者名称、地址、联系方式等内容。”《重庆市食品生产加工小作坊和食品摊贩管理条例》第 19 条规定：“食品小作坊生产加工散装食品的，应当在盛放该食品的容器上采用贴标或者挂牌等方式标识生产者名称、产品名称、生产日期、保质期、贮存条件等信息；简易包装的，还应当在包装上标识出地址、联系方式、登记证编号、成分表（配料表）等，并清晰、醒目标识‘小作坊食品’字样。”

② 参见《食品经营许可和备案管理办法》（国家市场监督管理总局令第 78 号）第 10 条第 1 款。

③ 参见《食品经营许可和备案管理办法》（国家市场监督管理总局令第 78 号）第 7 条第 1 款。

④ 参见《食品经营许可和备案管理办法》（国家市场监督管理总局令第 78 号）第 11 条。

不过，实践中仍然存在不需要取得食品经营许可的情形，包括销售食用农产品，仅销售预包装食品，医疗机构、药品零售企业销售特殊医学用途配方食品中的特定全营养配方食品，已经取得食品生产许可的食品生产者在其生产加工场所或者通过网络销售其生产的食品等。①

与食品生产许可类似，无论是否取得食品经营许可，有些食品法律是禁止经营的，这些情形规定在《食品安全法》第 34 条、第 37 条、第 38 条，相应的罚则规定在《食品安全法》第 123 条至第 125 条。此外，有的地方政府会根据本地特点，制定禁止生产经营的食品品种目录，比如《上海市人民政府关于本市禁止生产经营食品品种的通告》（沪府规〔2018〕24 号）规定，禁止生产经营毛蚶、泥蚶、魁蚶等蚶类，炝虾和死的黄鳝、甲鱼、乌龟、河蟹、蟛蜞、螯虾和贝壳类水产品；每年 5 月 1 日至 10 月 31 日，禁止生产经营醉虾、醉蟹、醉蟛蜞、咸蟹；禁止在食品销售和餐饮服务环节制售一矾海蜇、二矾海蜇、经营自行添加亚硝酸盐的食品以及自行加工的醉虾、醉蟹、醉蟛蜞、咸蟹和醉泥螺；禁止食品摊贩经营生食水产品、生鱼片、凉拌菜、色拉等生食类食品和不经加热处理的改刀熟食，以及现榨饮料、现制乳制品和裱花蛋糕。② 盖因这些食品具有较大的安全风险，容易引发食源性疾病甚至传染病疫情，比如 1988 年上海暴发的甲肝疫情，元凶就是毛蚶。

《食品安全法》第 33 条第 1 款规定了从事食品经营应当符合的要求，《食品经营许可和备案管理办法》第 12 条对此进行了重申，这些要求可概括为“人”、“场”和“软件”三个方面，需要提交的

---

① 参见《食品经营许可和备案管理办法》（国家市场监督管理总局令第 78 号）第 4 条第 2 款。

② 该通告有效期至 2023 年 12 月 12 日。

申请材料也是这三个方面。[1] 利用自动设备从事食品经营的，还应当提交每台设备的具体放置地点、食品经营许可证的展示方法、食品安全风险管控方案等材料。[2] 监管部门受理申请后对申请材料进行审查，必要时进行现场核查。根据材料审查和现场核查情况，认为符合条件的，监管部门作出准予经营许可的决定，食品经营许可证发证日期为许可决定作出的日期，有效期为5年。

与食品生产许可类似，食品经营许可也有“告知承诺制”的改革。《市场监管总局关于加快推进食品经营许可改革工作的通知》（国市监食经〔2018〕213号）明确规定试点推行食品经营许可的“告知承诺制”。告知承诺是指申请人提出食品经营许可申请，监管部门一次性告知其审批条件和需要提交的材料，申请人在规定时间内提交的申请材料齐全、符合法定形式，且书面承诺申请材料与实际一致的，监管部门可以当场作出书面行政许可决定的方式。对已告知承诺方式取得许可的食品经营者，应在作出许可决定之日起30个工作日内实施监督检查，其核心主旨是强化事中事后监管。通知要求，各地对新申请食品经营许可（限仅从事预包装食品销售）、申请变更许可（限经营条件未发生变化）、申请延续许可（限经营条件未发生变化）的，要试点推行“告知承诺制”。

根据“告知承诺制”的精神，上海市市场监管局对连锁食品经营许可进行便利化管理[3]，即上海市市场监管局根据注册在上海的连

---

① 《食品经营许可和备案管理办法》（国家市场监督管理总局令第78号）第13条第1款规定：“申请食品经营许可，应当提交下列材料：（一）食品经营许可申请书；（二）营业执照或者其他主体资格证明文件复印件；（三）与食品经营相适应的主要设备设施、经营布局、操作流程等文件；（四）食品安全自查、从业人员健康管理、进货查验记录、食品安全事故处置等保证食品安全的规章制度目录清单。”

② 参见《食品经营许可和备案管理办法》（国家市场监督管理总局令第78号）第13条第2款。

③ 《上海市市场监督管理局关于印发〈上海市连锁食品经营许可便利化管理办法（试行）〉的通知》（沪市监规范〔2022〕9号）。

锁食品经营企业总部的申请，组成审查组对其是否具有统一食品安全管理体系进行书面和现场审查。一旦总部通过评审，进入“许可便利名录”，其门店办理食品经营许可时，只要作出相应承诺，即可简化申请材料、免于现场核查、缩短审批时限。此便利举措也适用于食品经营许可的变更、延续等事项。当然，这并不意味着食品安全监管标准的降低，对于通过便利化审批取得《食品经营许可证》的门店，属地的区市场监管局在核发《食品经营许可证》后 30 个工作日内，对门店开展首次食品安全监督检查，重点检查现场布局流程、设施设备是否符合食品安全要求，以及与申请许可时承诺的事项是否一致。发现其食品经营条件不符合要求，或者提交的申请材料与实际情况不符的，将依据相关规定进行处理。而相关企业总部也将被移出“许可便利名录”。

《食品经营许可和备案管理办法》将“告知承诺制”从政策上升为规章，规定申请变更或者延续食品经营许可时，申请人声明经营条件未发生变化、经营项目减项或者未发生变化的，市场监督管理部门可以不进行现场核查，对申请材料齐全、符合法定形式的，当场作出准予变更或者延续食品经营许可的决定。未现场核查的，县级以上地方市场监督管理部门应当自申请人取得食品经营许可之日起 30 个工作日内对其实施监督检查。现场核查发现实际情况与申请材料不符的，食品经营者应当立即采取整改措施，经整改仍不符的，撤销相关许可决定。[①]

此外，有一种情况需要注意，虽然《食品生产许可管理办法》第 56 条规定，取得食品经营许可的餐饮服务提供者在其餐饮服务场所制作加工食品，不需要取得该办法规定的食品生产许可，但究其

---

① 参见《食品经营许可和备案管理办法》（国家市场监督管理总局令第 78 号）第 34 条第 3 款、第 4 款。

立法本意，应该是说该餐饮服务提供者在其餐饮服务场所制作加工食品后直接销售给消费者以便堂食或外带。如果该餐饮服务提供者在其餐饮服务场所制作加工食品后不仅销售给消费者，还销售给其他的食品经营者，那么，笔者认为，该餐饮服务提供者至少应该取得食品生产加工小作坊许可。

五、入网食品生产经营资质问题

互联网已成为当今社会重要的交易场所（或称媒介），网购也已成为人们的一种生活方式。食品生产经营者转战线上有其变与不变，且变化当中孕育着挑战。

与线下一样，入网食品生产经营者应当依法取得许可，入网食品生产者应当按照许可的类别范围销售食品，入网食品经营者应当按照许可的经营项目范围从事食品经营[①]。通过自建网站交易的食品生产经营者应当在通信主管部门批准后 30 个工作日内，向所在地市、县级市场监督管理部门备案，取得备案号[②]，这相当于在线下租独立门店。至于亮照，那更不用说了[③]。此为“不变”。

取得食品生产许可的食品生产者，通过网络销售其生产的食品，不需要取得食品经营许可[④]，这个很好理解，因为食品生产许可的条件比食品销售的条件严格，况且有生产必有销售，不可能生产出来囤着不卖，所以没必要再去取得食品经营许可。但是，规定取得食品经营许可的食品经营者通过网络销售其制作加工的食品，不需要

---

① 《网络食品安全违法行为查处办法》（国家市场监督管理总局令第 38 号）第 16 条第 1 款。

② 《网络食品安全违法行为查处办法》（国家市场监督管理总局令第 38 号）第 8 条第 2 款。

③ 《网络食品安全违法行为查处办法》（国家市场监督管理总局令第 38 号）第 18 条。

④ 《网络食品安全违法行为查处办法》（国家市场监督管理总局令第 38 号）第 16 条第 2 款。

取得食品生产许可[①]，这个规定令人有点儿费解。《网络餐饮服务食品安全监督管理办法》（国家市场监督管理总局令第 31 号）已就规范网络餐饮服务经营行为作出规定，但其规范的是“同城即时配送”。那么，“异地延时寄送”的情况是否存在呢？

这当然是存在的。原国家食品药品监督管理总局办公厅《关于餐饮服务提供者在网上销售真空形式包装的散装熟食问题的复函》（食药监办食监二函〔2017〕492 号）指出，《食品安全法实施条例》第 62 条规定“餐饮服务，指通过即时制作加工、商业销售和服务性劳动等，向消费者提供食品和消费场所及设施的服务活动”。《餐饮服务食品安全操作规范》第 33 条明确规定了熟制食品贮存和运输的温度和时间要求，即使在冷藏条件下贮存和运输熟制食品，从烧熟至食用的间隔时间也不得超过 24 小时。餐饮服务提供者制售熟肉的许可条件和加工制作要求，与食品生产者加工“热加工熟肉制品”的许可条件和生产要求存在很大差异。餐饮服务提供者在网络上异地销售真空形式包装的散装熟食等食品，贮存和运输熟制食品的温度和时间较难符合规定，存在较大的食品安全风险，应予禁止（持有食品生产许可证者除外）。虽然市场监管总局令第 38 号发布时间晚于食监二函〔2017〕492 号文，效力层级也高于食药监办食监二函〔2017〕492 号文，但该文件指出的情况确实存在，并且言之有理，食品企业最好还是从严要求自己，否则难免像前面提到的毛妈妈土特产经营部那样“踩雷”。

---

① 《网络食品安全违法行为查处办法》（国家市场监督管理总局令第 38 号）第 16 条第 2 款。

第二节　人员管理和过程控制

对食品企业人员的要求可以概括为有健康、懂技术、能担责。“有健康”是指从事接触直接入口食品工作的食品生产经营人员应当每年进行健康检查，取得健康证明后方可上岗工作。患有国务院卫生行政部门规定的有碍食品安全疾病的人员，不得从事接触直接入口食品的工作。[①] 根据《国家卫生计生委关于印发有碍食品安全的疾病目录的通知》（国卫食品发〔2016〕31 号），有碍食品安全的疾病目前包含 6 类，即霍乱、细菌性和阿米巴性痢疾、伤寒和副伤寒、病毒性肝炎（甲型、戊型）、活动性肺结核、化脓性或者渗出性皮肤病。“懂技术”是指生产一线的工作人员必须熟练掌握相关的工艺技术，食品生产肯定不是“狠活”（因为它是良心活），但食品生产会越来越展现其“科技活”的一面。“能担责”是指企业作为食品安全第一责任人，其责任的落实必须依靠食品安全员、食品安全总监以及企业主要负责人的履职行为，履职不当还可能承担个人责任。[②] 除了上述九字诀之外，食品企业的人员管理比较重要的是规章制度的制定，而过程控制比较重要的是异物管理。

一、规章制度的制定

任何商品的生产，本质上是劳动者与生产资料相结合的过程。二者怎么结合，这就是规章制度要解决的事情。无论是否直接涉及劳动

① 《食品安全法》第 45 条。

② 《食品安全法》第 123 条、第 135 条；《企业落实食品安全主体责任监督管理规定》（国家市场监督管理总局令第 60 号）第 19 条。

者切身利益，建议食品企业都按照《劳动合同法》第4条的规定执行，[①] 这样既不会增加太多成本，又能确保规章制度的权威性和有效性，要点可以概括为：规章制度的制定主体适格、规章制度的内容合法、规章制度的内容合理、规章制度的制定程序合法以及向劳动者公示。

（一）规章制度的制定主体适格

一般情况下，规章制度的制定主体应当是食品企业，而不是企业的某个部门。即使是由企业某个部门具体负责规章制度的起草工作，最后也要以企业的名义发布，这样才能保证规章制度的权威性。当然，如果企业章程对规章制度的制定主体有明确规定的，则依据企业章程的规定执行。

（二）规章制度的内容合法

《劳动法》第4条规定用人单位要依法建立规章制度，但并没有对“法”的范围作出具体规定。对此可参考原劳动部办公厅印发的《关于〈劳动法〉若干条文的说明》（劳办发〔1994〕289号）。该说明指出，《劳动法》第4条中的“依法”应当作广义理解，指所有的法律、法规和规章，包括宪法、法律、行政法规、地方法规以及关于劳动方面的行政规章，民族自治地方还要依据该地方的自治条例和单行条例。针对《劳动法》第89条“用人单位制定的劳动规章制度违反法律、法规规定的，由劳动行政部门给予警告，责令改正；对劳动者造成损害的，应当承担赔偿责任”的规定，该说明指出，《劳动法》第89条中的“法律、法规”主要是指劳动法律、行

---

① 直接涉及劳动者切身利益的规章制度包括劳动报酬、工作时间、休息休假、劳动安全卫生、保险福利、职工培训、劳动纪律以及劳动定额管理等。食品企业的生产操作规程其实也是劳动纪律，因为这些规程都关乎食品安全，不遵章操作很可能影响产品质量，给企业造成损失，企业一般不会放弃追究责任。

政法规、地方法规和国家技术标准等。此外，根据《最高人民法院关于审理劳动争议案件适用法律问题的解释（一）》（法释〔2020〕26号）第50条第1款规定，用人单位的规章制度还不得违反政策的规定。由此可知，食品企业的规章制度应遵守广义上的法，即法律、法规、规章、政策以及国家技术标准等。

（三）规章制度的内容合理

食品企业的规章制度不但要合法，还要合理，并不是说法律法规不禁止的，食品企业就可以根据需要随意约定，如果超出了合理的范围，也可能被认定为无效。比如限制午餐的时长，限制上洗手间的次数和每次的时长，迟到一分钟、吸烟一次就可以解除劳动关系等，就很难得到司法机关的认可。所以食品企业应依据公平原则并考虑工作岗位的特点合理制定规章制度。

（四）规章制度的制定程序合法

规章制度制定的民主程序分为两步。第一步是讨论程序，即规章制度应当经职工代表大会或者全体职工讨论，提出方案和意见；第二步是协商程序，即用人单位与工会或者职工代表平等协商确定规章制度的内容。[①] 那么，劳资双方意见不一时如何确定？最终是由双方共同决定，还是由用人单位单方决定？究其立法本意，规章制度的制定应该是劳资双方民主协商基础上的单决制，即最终由用人单位决定，这样既满足了劳动者参与民主管理的需要，又尊重了用人单位的经营管理自主权。在此过程中，食品企业应当注意保存履行民主程序的证据，比如会议签到表、会议纪要等（会议纪要上也需要与会人员签字确认）。

---

① 《劳动合同法》第4条。

（五）向劳动者公示

规章制度公示的具体方式并没有法律条文的具体规定，实践中，常见的公示方式包括公告栏张贴、企业官网公布、电子邮件通知、规章制度传阅、规章制度培训、员工手册发放等，食品企业可以根据自身情况选择其中一种或者多种方式进行公示，但公告栏张贴和企业官网公布的方式不建议单独使用，因为这两种公示方式较难举证劳动者已经知悉规章制度的内容，电子邮件通知的方式在企业员工人数较多的情况下可能工作量会很大，而规章制度传阅、规章制度培训和员工手册发放是更为高效便捷的公示方式。无论如何，食品企业必须保留劳动者签字确认的、收到或者知悉公司规章制度内容并保证遵照执行的书面证据。

此外，根据《最高人民法院关于审理劳动争议案件适用法律问题的解释（一）》（法释〔2020〕26 号）第 50 条第 2 款的规定，用人单位制定的内部规章制度与集体合同或者劳动合同约定的内容不一致，劳动者请求优先适用合同约定的，人民法院应予支持。因此，食品企业应确保规章制度的内容与劳动合同或者集体合同约定的内容相一致。总之，如果规章制度无效，非但不能作为劳动争议案件处理的依据，用人单位还可能承担行政责任和民事赔偿责任，① 而且劳动者还可以解除劳动合同并要求经济补偿。② 所以，食品企业应高度重视建章立制，以降低管理成本，提高生产效益。

---

① 《劳动合同法》第 80 条规定：“用人单位直接涉及劳动者切身利益的规章制度违反法律、法规规定的，由劳动行政部门责令改正，给予警告；给劳动者造成损害的，应当承担赔偿责任。”《劳动保障监察条例》第 30 条规定，用人单位经劳动保障行政部门责令改正拒不改正，处 2000 元以上 2 万元以下的罚款。

② 《劳动合同法》第 38 条第 1 款第 4 项规定：“用人单位有下列情形之一的，劳动者可以解除劳动合同：……（四）用人单位的规章制度违反法律、法规的规定，损害劳动者权益的。”第 46 条第 1 项规定：“有下列情形之一的，用人单位应当向劳动者支付经济补偿：（一）劳动者依照《劳动法》第三十八条规定解除劳动合同的。”

二、异物管理

有一则笑话是这么说的：

“还有比吃苹果时发现一条虫子更糟糕的事情吗？”

“有——发现半条虫子。”

这则笑话生动地阐释了食品异物给消费者带来的负面体验。《食品安全法》第34条第6项规定：“禁止生产经营下列食品、食品添加剂、食品相关产品：……（六）腐败变质、油脂酸败、霉变生虫、污秽不洁、混有异物、掺假掺杂或者感官性状异常的食品、食品添加剂。”《食品安全法》对混有异物的概念没有明确解释，但考察《食品安全法》的立法本意，“混有异物”应是指食品中混有与食品属性不同、影响食品质量安全且可能对人体健康造成伤害的物质，或者按照食品生产加工工艺要求不应混入的物质。食品中混有异物可能由食品原料混入、接触人员混入、设备设施混入、环境卫生导致等多种因素引发，是消费者投诉的高发理由。一方面，食品企业必须在生产过程中采取措施防止异物混入；另一方面，食品企业在接到关于异物的投诉甚至行政调查时，应本着实事求是的原则，商请投诉人提供异物照片或者实物，在确定异物真实情况的基础上，对生产线进行自查，特别是要追溯检查案涉产品批次的生产情况，在充分掌握相关证据的情况下与投诉人或者监管部门协商后续处理事宜。

案例 2.2　食品安全执法中对异物的判定不能仅凭感官观察[①]

北京市朝阳区食药局接到举报人举报，称其在某超市购买的菠萝果酱混有异物，并提交购物小票及其举报的产品实物。案涉菠萝

① 一审：北京市朝阳区人民法院行政判决书，（2018）京0105行初152号；二审：北京市第三中级人民法院行政判决书，（2019）京03行终542号。

果酱的生产者是北京某食品公司。北京市朝阳区食药局对某超市进行了现场检查，并组织某超市、北京某食品公司和举报人对案涉菠萝果酱进行开瓶检验拍照取证，并由某超市工作人员、举报人及现场执法人员共同在《现场检查笔录》中签字确认果酱中有一块黑色异物。但北京某食品公司工作人员不认可菠萝果酱中的物质属于异物，并要求对案涉物质进行进一步检验，因北京市朝阳区食药局未予支持，故未在笔录中签字确认。后北京市朝阳区食药局作出行政处罚决定，认定某超市的行为违反了《食品安全法》第34条第6项的规定，构成了经营混有异物食品的违法行为，依据《食品安全法》第124条第1款第4项的规定，对某超市给予没收违法所得6.9元和罚款50100元的处罚。某超市缴纳罚款后，向北京某食品公司追偿50106.9元，北京某食品公司亦已向某超市进行了支付。

北京某食品公司不服该行政处罚，向北京市朝阳区人民法院提起行政诉讼，请求撤销被诉行政处罚决定。北京某食品公司认为，北京市朝阳区食药局仅凭肉眼观察，未经过检验、检测、鉴定就认定案涉菠萝果酱产品违反《食品安全法》的规定，属于事实认定不清、缺乏最基本的证据。因为根据现行相关食品标准及食品加工常识，果酱产品的原料中有可能存在肉眼可见的黑色点状物质，由于这些物质对人体健康无害，是可以被允许存在的，北京市朝阳区食药局将上述物质误认为法律所禁止的“异物”的可能性非常大，况且北京市朝阳区食药局的调查程序亦有违法之处。

鉴于案涉菠萝果酱标签显示的配料为白砂糖、菠萝、水、浓缩菠萝汁、食品添加剂（柠檬酸、果胶、维生素C、β-胡萝卜素），北京某食品公司提供了原料白砂糖（当庭出示实物）及白砂糖中收集的黑色不溶于水的杂质照片、白砂糖的《检验报告》，证明其采购的原料白砂糖的检验结果符合相关国家标准，而且使用前，被检验的白砂糖晶形整齐，晶粒均匀，干燥松散，洁白，光泽好，无明显黑点杂质，无异味，但是使用时，白砂糖中的少量杂质不可避免地混入食品中，如被肉眼看到，会显示出与案涉照片类似的黑色点状物。因此，不能排除案涉产品中的黑色点状物来自原料白砂糖。同时，北京某食品公司还提供了原料菠萝碎米中含有黑色点状杂质的照片（当庭出示实物）及其《检验报告》，证明案涉产品的原料菠萝碎米的检验结果符合相关国家标准，但在正常状态下，菠萝碎米上可见有少量黑点，因此，也不能排除案涉产品中的黑色点状物来自于原料菠萝碎米。北京某食品公司还提交了该公司的《质量管理体系认证证书》《食品安全管理体系认证证书》《环境管理体系认证证书》《果酱异物混入防止说明》等，证明该公司有严格的质量管理体系和质量监控措施，足以防止异物混入。

北京市朝阳区人民法院认为，食品生产过程中从最初原料到加工成可食用的食品，其涵盖原料采集、存储、物流、加工、包装等诸多环节，客观上食品中混有异物可能由食品原料混入、接触人员混入、设备设施混入、环境卫生导致等多种因素引发。将《食品安全法》第 34 条第 6 项规定中的“异物”解释为一切所谓异物的禁止混入并非尊重现实的理性理解。食品安全执法中对所谓“异物”的判定不能简单化地仅凭借感官观察即形成结论，因为行政执法中的判断标准不同于社会公众的普通常识判断，而应根据《食品安全法》第 34 条第 6 项规定的立法本意，结合食品配料表中的食品原料属性及食品本身属性、加工工艺流程等因素综合判断“混有异物”的违法事实能否成立，必要时应启动鉴定程序进行深入调查核实。本案中，从菠萝果酱原料中的菠萝碎米、白砂糖等因素考虑，案涉菠萝果酱均存在出现黑色点状物质的可能性。显然，北京市朝阳区食药局的执法调查并未结合原料的属性及果酱生产加工工艺的国家标准对果酱中出现黑色点状物质是否属于合理范畴进行分析判断。而且，在北京某食品公司参加了北京市朝阳区食药局组织的开瓶检查并提出异议的情况下，北京市朝阳区食药局提供的证据中未能体现该项事实，其亦未证明出于查明案件事实的需要而给予了北京某食品公司陈述、辩解的权利，即径行作出“混有异物”的事实认定，属于证据不足、法律适用错误。最终，北京市朝阳区人民法院撤销了北京市朝阳区食药局的行政处罚决定。二审法院维持一审判决。

从上述案例可以看出，假如所谓异物的出现是实施食品生产加工工艺不可避免的结果，且在合理范围之内，那么，苛责生产经营者是有失公允的。当然，如果不可避免但超出合理范围，生产经营者应将食品召回，此时可能是工艺本身有问题，也可能是相关标准太宽松。假如所谓的“异物”是故意加进去的，并非实施食品生产加工工艺不可避免的结果，那就是“混有异物”，而无论该物质是否可以食用：

第一，故意加进去的物质不可食用，比如加入金银箔粉，这毫无疑问是“混有异物”。《关于发布〈查处生产经营含金银箔粉食品违法行为规定〉的公告》（国家市场监督管理总局、农业农村部、国家卫生健康委员会、海关部署公告2022年第20号）明确规定，金银箔粉未列入《食品安全国家标准　食品添加剂使用标准》（GB 2760），不属于食品添加剂，不是食品原料，不能用于食品生产经营，违者应当按照《食品安全法》相关规定予以查处，涉嫌犯罪的，依法移送公安机关。

第二，故意加进去的异物可以食用，这种情况可能会令人疑惑。比如微信公众号“市场监管半月沙龙”2022年7月13日发表的王艳妮的文章《探讨！威士忌酒中加入“麦穗”，如何定性?》援引的案例称，某企业生产的威士忌酒瓶内含有一株完整麦穗，该酒执行的标准是《威士忌》（GB/T 11857－2008）。该威士忌的检验结论是：外观项目不符合GB/T 11857－2008“清亮透明，无悬浮物和沉淀物”的要求，其他质量检验项目均合格，食品安全指标符合《食品安全国家标准　蒸馏酒及其配制酒》（GB 2757－2012）的要求。文章作者认为，该企业在酒中加入麦穗，本身属于食品生产加工工艺流程之一，是企业故意为之，并且经检验，该行为也没有影响威士忌的质量指标，只是导致外观指标不符合执行标准的规定，所以，该行为不能认定为“混有异物”，而是生产不符合标示的推荐性标准的食品的行为，违反了《食品安全法》第71条第1款及第3款的规定，应依据《食品安全法》第125条进行处罚。[①] 但是，笔者认为，从GB/T 11857－2008对威士忌的定义来看，威士忌属于蒸馏酒，其终产品为液态，没有固形物指标。麦穗对于酒而言是外来之物，并非实施食品生产加工工艺不可避免的结果，虽然麦穗可以食用，但它仍然是异物。

第三节　食品质量检验

一头一尾、一进一出，是食品企业需要把好的两个关口，分别对应进货查验记录制度和出厂检验记录制度。[②] 采购食品原料、食品添加剂、食品相关产品，应当查验供货者的许可证和产品合格证明，无法提供合格证明的，食品企业应当自行检验或者委托有资质的第三方进行检验，若检验不合格可以拒收且不承担货物毁损灭失的风

---

① 王艳妮：《探讨！威士忌酒中加入“麦穗”，如何定性?》，载微信公众号“市场监管半月沙龙”2022年7月13日，https://mp.weixin.qq.com/s?__biz=MzA4MjQ0NDUyOA==&mid=2650501772&idx=2&sn=655ed9d753393f1b813adc63af5544cb&chksm=878a7b13b0fdf2058755a4e1b1b29dd0e9d57832ec0722a0a7e0be8f2af1362359b0505247f1&scene=27，最后访问日期：2023年2月28日。

② 《食品安全法》第50条至第52条。

险。出厂销售时更要确保食品检验合格，否则根本无法出厂销售。可见，检验是食品生产经营必不可少的配套技术措施，称之为核心技术措施也不为过。

一、我国食品安全标准体系

无规矩不成方圆，无标准难以检测。现代化的基础是标准化。《标准化法》第 2 条第 1 款、第 2 款规定："本法所称标准（含标准样品），是指农业、工业、服务业以及社会事业等领域需要统一的技术要求。标准包括国家标准、行业标准、地方标准和团体标准、企业标准。国家标准分为强制性标准、推荐性标准，行业标准、地方标准是推荐性标准。"强制性标准是必须执行的标准，推荐性标准则是鼓励采用的标准，但是一旦采用就必须符合。

食品安全标准是对食品生产经营中影响食品安全的各种要素以及关键环节进行控制的统一技术要求，除食品安全标准外，还有其他的食品标准，但不得制定为强制性标准。[①] 食品安全标准是食品生产经营者必须遵循的最低要求，是食品能够合法生产、进入消费市场的门槛；其他非食品安全方面的食品标准由食品生产经营者自愿遵守，可以为组织生产、提高品质提供指导，以增加产品的市场竞争力。根据国家卫生健康委员会官方网站信息，截至 2022 年 11 月，我国的食品安全国家标准共有 1478 项，其中，通用标准 15 项，食品产品标准 70 项，特殊膳食食品标准 10 项，食品添加剂质量规格及相关标准 651 项，食品营养强化剂质量规格标准 62 项，食品相关产品标准 16 项，生产经营规范标准 34 项，理化检验方法标准 237 项，微生物检验方法标准 32 项，毒理学检验方法与规程标准 29 项，农药残留检测方法标准 120 项，兽药残留检测方法标准 95 项，被替

① 《食品安全法》第 25 条。

代（拟替代）和已废止（待废止）标准107项。[①]

食品安全地方标准则主要是针对地方特色食品。地方特色食品，是指在部分地域有30年以上传统食用习惯的食品，包括地方特有的食品原料和采用传统工艺生产的、涉及的食品安全指标或要求现有食品安全国家标准不能覆盖的食品，不包括保健食品、特殊医学配方用途食品和婴幼儿配方食品。[②] 地方标准包括地方特色食品的食品安全要求、与地方特色食品的标准配套的检验方法与规程、与地方特色食品配套的生产经营过程卫生要求等。[③] 食品安全地方标准是强制性标准，此与我国《标准化法》的规定不同，因为《立法法》第103条规定："同一机关制定的法律、行政法规、地方性法规、自治条例和单行条例、规章，特别规定与一般规定不一致的，适用特别规定；新的规定与旧的规定不一致的，适用新的规定。"我国《食品安全法》关于食品安全标准的规定是特别规定，所以，全国人大常委会法制工作委员会编的《中华人民共和国食品安全法释义》对"食品安全标准"解读为："食品安全标准关系人民群众身体健康和生命安全，是强制执行的标准，包括食品安全国家标准和地方标准。"[④] 但食品安全国家标准制定后，该地方标准即行废止。

企业标准仅在本企业适用，且必须严于食品安全国家标准和地方标准，并报省级人民政府卫生行政部门备案。如何理解企业标准中的"严于"？《北京市卫生健康委员会关于印发〈北京市食品企业标准备案办法〉的通知》（京卫食品〔2020〕4号）的内容可资借

---

① 《食品安全国家标准目录》（截至2022年11月共1478项），载国家卫生健康委员会官网，http://www.nhc.gov.cn/sps/s3594/202301/ff4b683101d1443bb479a1853b0a80bf.shtml，最后访问日期：2023年2月28日。

② 《食品安全法实施条例》第12条。

③ 《国家卫生健康委办公厅关于进一步加强食品安全地方标准管理工作的通知》（国卫办食品函〔2019〕556号）。

④ 全国人大常委会法制工作委员会编：《中华人民共和国食品安全法释义》，法律出版社2015年版，第64页。

鉴，该通知第 17 条第 2 款指出，严于食品安全标准，是指企业标准中的食品安全指标限值严于食品安全标准的相应规定。也就是说，假如企业标准增加了食品安全标准没有的指标，则不能视为“严于”。此时，如果符合企业标准，则皆大欢喜；如果不符合食品安全标准，则可退一赔十；而如果符合食品安全标准却不符合企业标准，对此，《食品安全法实施条例》第 74 条明确规定：“食品生产经营者生产经营的食品符合食品安全标准但不符合食品所标注的企业标准规定的食品安全指标的，由县级以上人民政府食品安全监督管理部门给予警告，并责令食品经营者停止经营该食品，责令食品生产企业改正；拒不停止经营或者改正的，没收不符合企业标准规定的食品安全指标的食品，货值金额不足 1 万元的，并处 1 万元以上 5 万元以下罚款，货值金额 1 万元以上的，并处货值金额 5 倍以上 10 倍以下罚款。”但是，如果标示的不是企业标准，而是行业标准或者推荐性国家标准呢？

案例 2.3 检测不合格的食品是否就是不符合食品安全标准的食品[①]

孙某在上海豪某食品公司的天猫网店上购买了 150 袋莲子，单价为 82.8 元，共计 12419.99 元。该莲子的外包装上显示，生产者系上海好某食品公司，销售者系上海豪某食品公司，产品标准号为 NY/T 1504。

孙某将该莲子送交第三方检测机构，检测其中镉的含量，检测方法为《食品安全国家标准　食品中镉的测定》（GB 5009.15－2014），判定依据为《莲子》（NY/T 1504），其中的卫生指标规定，镉的含量应 ≤0.05mg/kg。但检测出来镉的数值为 0.067mg/kg，大于 0.05mg/kg，判定为不合格。

孙某诉至法院，请求判令上海好某食品公司和上海豪某食品公

---

① 广东省深圳市龙岗区人民法院民事判决书，（2021）粤 0307 民初 8081 号。在该案中，ULAWYER 团队代理上海好某食品公司和上海豪某食品公司并胜诉。

司退还货款，并支付货款10倍的赔偿。

上海好某食品公司和上海豪某食品公司认为，适用《食品安全法》第148条第2款判令10倍赔偿的前提是“生产不符合食品安全标准的食品或者经营明知是不符合食品安全标准的食品”，而《食品安全法》第25条规定，“食品安全标准是强制执行的标准”。也就是说，应以强制性标准来判断案涉莲子中镉的含量是否达标，本案应适用《食品安全国家标准　食品中污染物限量》（GB 2762－2012），案涉莲子中镉的含量符合该标准。法院最终采纳了两公司的意见，驳回了孙某的诉请，但判令上海豪某食品公司向孙某退款。

我国制定有食品中污染物限量的《食品安全国家标准　食品中污染物限量》（GB 2762），本案中作为重金属的镉应适用该标准。该标准表2《食品中镉限量指标》规定的坚果及籽类中镉的限量只对花生作了要求，是0.5mg/kg，也就是说，GB 2762－2012对除花生之外的坚果及籽类没有镉的限量要求，而莲子正属于籽类。

《食品安全国家标准　坚果与籽类食品》（GB 19300－2014）2.1.2规定：“籽类”指瓜、果、蔬菜、油料等植物的籽粒，包括葵花籽、西瓜籽、南瓜籽、花生、蚕豆、豌豆、大豆等。4.4.1规定：污染物限量应符合GB 2762的规定。《国家食品安全监督抽检实施细则》（2021年版）在“二十三、食用农产品”之“7　生干坚果与籽类食品”的“7.2　产品种类”中进一步明确，籽类指瓜、果、蔬菜、油料等植物的籽粒，包括花生、芝麻、莲子、葵花籽及其他瓜子（西瓜籽、南瓜籽等）等籽类，并紧接着在“7.3　检验依据”中将GB 2762列入，明确地表明了国家的态度：判定莲子中镉的含量是否符合食品安全标准，要以GB 2762作为依据。NY/T 1504是农业行业标准，在此不应适用。所以，虽然案涉莲子检测出来镉的数值为0.067mg/kg，但GB 2762根本就没有对莲子中镉的限量作出要求，就算类推适用对花生的要求，也小于0.5mg/kg，完全符合该标准，故不应适用10倍的惩罚性赔偿条款。

那么，标签上标示的产品标准号难道就不用遵守了？当然不是。产品标准号是预包装食品标签当中必须标示的内容，[①] 这是为了保证消费者的知情权。《消费者权益保护法》第23条第2款规定，经营者以广告、产品说明、实物样品或者其他方式表明商品或者服务的质量状况的，应当保证其提供的商品或者服务的实际质量与表明的质量状况相符。该案莲子中镉的含量不符合外包装上标示的产品标准号，销售者上海豪某食品公司涉嫌构成欺诈，假如孙某以消费欺诈为由起诉，要求退一赔三，是有可能得到支持的。而且，从行政责任来说，食品没有达到标签上标示的执行标准，涉嫌违反《食品安全法》第71条第3款的规定，监管部门可以依据《食品安全法》第125条第1款第2项进行处罚。[②] 虽然有观点认为，此时以违反《产品质量法》第26条第2款第3项规定为由，适用第50条"以不合格产品冒充合格产品"进行处罚也说得通[③]，但国家市场监管总局

---

① 《食品安全国家标准　预包装食品标签通则》（GB 7718－2011）4.1.10规定：在国内生产并在国内销售的预包装食品（不包括进口预包装食品）应标示产品所执行的标准代号和顺序号。

② 《食品安全法》第71条第3款规定："食品和食品添加剂与其标签、说明书的内容不符的，不得上市销售。"第125条第1款第2项规定："违反本法规定，有下列情形之一的，由县级以上人民政府食品安全监督管理部门没收违法所得和违法生产经营的食品、食品添加剂，并可以没收用于违法生产经营的工具、设备、原料等物品；违法生产经营的食品、食品添加剂货值金额不足一万元的，并处五千元以上五万元以下罚款；货值金额一万元以上的，并处货值金额五倍以上十倍以下罚款；情节严重的，责令停产停业，直至吊销许可证：……（二）生产经营无标签的预包装食品、食品添加剂或者标签、说明书不符合本法规定的食品、食品添加剂。"

③ 《产品质量法》第26条第2款第3项规定："产品质量应当符合下列要求：……（三）符合在产品或者其包装上注明采用的产品标准，符合以产品说明、实物样品等方式表明的质量状况。"第50条规定："在产品中掺杂、掺假，以假充真，以次充好，或者以不合格产品冒充合格产品的，责令停止生产、销售，没收违法生产、销售的产品，并处违法生产、销售产品货值金额百分之五十以上三倍以下的罚款；有违法所得的，并处没收违法所得；情节严重的，吊销营业执照；构成犯罪的，依法追究刑事责任。"

的一则答复认为不应适用《产品质量法》，因为按照特殊法优于一般法的原则，所有食品监管和违法行为的处理都应当按照《食品安全法》优于其他法律来处理。[1] 所以，食品企业应准确选择产品所执行的标准，并确保产品符合标准的要求。

二、食品企业的检验管理

食品企业的日常检验工作是原料检验、半成品检验和成品出厂检验，[2] 食品企业可以根据实际情况自行检验或者委托给有资质的第三方。此外，食品企业还面临来自监管部门的抽检，包括监督抽检、评价性抽检和风险监测。监督抽检是指市场监督管理部门按照法定程序和食品安全标准等规定，以排查风险为目的，对食品组织的抽样、检验、复检、处理等活动。评价性抽检是指市场监督管理部门依据法定程序和食品安全标准等规定开展抽样检验，对市场上食品总体安全状况进行评估的活动。风险监测是指市场监督管理部门对没有食品安全标准的风险因素，开展监测、分析、处理的活动。[3] 实践中面临较多的是监督抽检，市场监管总局每年会发布《食品安全监督抽检实施细则》（俗称国抽细则），各级市场监管部门也是以此为准开展年度抽检工作。监督抽检的结果往往作为行政处罚的依据，食品企业不可不察。因此，食品企业有必要了解市场监管部门的食品安全抽检规范，做到知己知彼，也有利于维护自身合法权益。

总体来说，市场监管部门的食品安全抽检工作流程包括抽样、

---

① 参见国家市场监管总局官网留言咨询系统，载 http://xgzlyhd.samr.gov.cn/gjjly/index，在留言标题输入关键词“花生油不符合食品安全标准”，最后访问日期：2023 年 2 月 28 日。

② 《食品安全法》第 46 条第 3 项。

③ 《食品安全抽样检验管理办法》（2022 年修正）（国家市场监督管理总局令第 61 号）第 52 条、第 53 条。

检验、复检和异议三个环节，每个环节均有严格的规范要求，以确保检验结果的客观公正。同时，检验人员的资质也是影响检验报告效力的因素之一，因为检验人员的能力和经验会影响对检验过程的操控和对检验结果的判断。

（一）人员资质

食品检验机构的技术负责人、授权签字人应当具有食品、生物、化学等相关专业的中级及以上技术职称或者同等能力。同等能力是指前述专业博士毕业且从事食品检验工作 1 年及以上，或者硕士毕业且从事食品检验工作 3 年及以上，或者本科毕业且从事食品检验工作 5 年及以上，或者专科毕业且从事食品检验工作 8 年及以上。食品检验机构的检验人员应当具有前述专业专科及以上学历且具有 1 年及以上食品检测工作经历，或者具有 5 年及以上食品检测工作经历。[①] 食品检验机构的人员资质不符合上述规定的，出具的检验报告有可能被认定为无效。

案例 2.4 检验人员资质不符导致《检验检测报告》没有法律效力[②]

广西某食品厂从事鲜湿米粉加工、销售。扶绥县市场监管局于 2018 年 11 月 9 日派出工作人员到该厂进行监督抽检，对该厂生产的调制鲜湿米粉取样后于当天送至广西某检测公司。2018 年 12 月 11 日，广西某检测公司出具《检验检测报告》，结论为“大肠菌群项

---

① 《国家食品药品监管总局、国家认监委关于印发食品检验机构资质认定条件的通知》（食药监科〔2016〕106 号）第 18 条。

② 一审：广西壮族自治区扶绥县人民法院行政判决书，（2019）桂 1421 行初 10 号；二审：广西壮族自治区崇左市中级人民法院行政判决书，（2020）桂 14 行终 16 号。

目不符合《食品安全地方标准　鲜湿类米粉》（DBS 45/050－2018）要求，检验结论为不合格”。扶绥县市场监管局认定，广西某食品厂生产经营大肠菌群项目不符合食品安全标准的调制鲜湿米粉的行为，违反了《食品安全法》第34条第13项的规定，遂依据《食品安全法》第124条，决定没收广西某食品厂的违法所得，并处罚款。

广西某食品厂不服该行政处罚，诉至法院。一审法院查明，本案《检验检测报告》检验人签名处为“周某”，但黄某亦是检验人员之一。黄某于2018年6月毕业于广西卫生职业技术学院，专业为医学检验技术，广西某检测公司于2018年10月23日批准黄某为该公司微生物室检验员。一审法院认为，《食品检验机构资质认定条件》第18条第3项规定，检验人员应当具有食品、生物、化学等相关专业专科及以上学历并具有1年及以上食品检测工作经历，或者具有5年及以上食品检测工作经历。本案中，扶绥县市场监管局作出行政处罚的依据是广西某检测公司出具的《检验检测报告》，而作出该报告的检验人员之一黄某于2018年6月毕业，显然不具备《食品检验机构资质认定条件》所规定的检验人员资质，违反了《食品安全法》第84条的规定，故广西某检测公司出具的《检验检测报告》不具法律效力，不能作为认定事实的依据。因此，扶绥县市场监管局以该《检验检测报告》为依据作出的行政处罚决定，属于认定事实不清、证据不足，依法应予撤销。

扶绥县市场监管局不服一审判决，提起上诉，认为黄某仅对检验数据进行校核，不是该报告的检验人员。该报告的批准人吴某、审核人冼某和检验人员周某符合法定资质要求，该报告具有法律效力。二审法院认为，在案证据证明，广西某检测公司指定周某、黄某对案涉样品微生物进行检验，周某负责对案涉样品取样称重及样品的菌落总数、大肠菌群、金黄色葡萄球菌和沙门氏菌项目的稀释度为10－1的样品均液制备等事项；黄某负责同一批次样品的大肠菌群、金黄色葡萄球菌的稀释度为10－2的样品均液的制备，菌落总数项目的稀释度为10－3的样品均液的制备，以及全部稀释度样品均液的接种等事项。可见，黄某承担的并非辅助性工作，而是对案涉样品大肠菌群超标的结果构成实质性影响的工作。但黄某的食品检测工作经历不满1年，不具备从事食品微生物项目检测的资质条件。据此，广西某检测公司出具的、检验人签名为周某的《检验检测报告》不具有法律效力，不能作为扶绥县市场监管局对广西某食品厂作出行政处罚的事实依据。二审法院最终维持一审判决。

（二）抽样

抽样环节的核心是确保样品的真实和完好，也就是“所检即所抽”。现场抽样时，抽样人员应当采取有效的防拆封措施，对检验样品和复检备份样品分别封样，并由抽样人员和被抽样食品生产经营者签字或者盖章确认。抽样人员还应当保存购物票据，并对抽样场所、贮存环境、样品信息等通过拍照或者录像等方式留存证据。承检机构接收样品时，应当查验、记录样品的外观、状态、封条有无破损以及其他可能对检验结论产生影响的情况，并核对样品与抽样文书信息。对抽样不规范的样品，承检机构应当拒绝接收并说明理由。[①] 这些规定动作不到位的话，后续的检验报告可能经不起质疑。

抽样环节的要求还包括支付样品费用、现场抽样不得少于2人、不得由食品生产经营者自行提供样品和自行送样等。

---

① 《食品安全抽样检验管理办法》（2022年修正）（国家市场监督管理总局令第61号）第17条、第22条。

案例 2.5　未能证实样品的完好性导致检验报告没有法律效力[①]

福建某检测公司受莆田市市场监管局的委托对仙游县某餐饮店经营的油条进行抽样检验。检验报告显示，样品中铝的残留量不符合《食品安全国家标准　食品添加剂使用标准》（GB 2760 - 2014）的要求，检验结论为不合格。该餐饮店的属地监管部门仙游县市场监管局认为，该餐饮店经营的食品重金属超标，违反了《食品安全法》，遂对该餐饮店作出罚款 5 万元的行政处罚。该餐饮店不服，提起行政诉讼。一审法院认为，仙游县市场监管局作出的行政处罚决定事实清楚、证据充分，程序合法、适用法律正确，判决驳回了该餐饮店的诉请。

仙游县某餐饮店仍不服，提起上诉。二审法院认为，《食品安全抽样检验管理办法》规定，食品安全监督抽检中的样品应当现场封样。抽样人员应当采取有效的防拆封措施，由抽样人员、被抽样食品生产经营者签字或者盖章确认，并通过拍照、录像、留存购物票据等方式保存证据。本案中，仙游县市场监管局仅提供了食品安全抽检监测抽样单和案涉检验报告，未能提供抽样行为符合有关封存规定的证据材料，即无法保证样品的真实性和完好性。因此，案涉检验报告不具有合法性，不能作为本案的定案依据，故被诉行政处罚决定主要证据不足。二审法院撤销了一审判决和被诉行政处罚决定。

仙游县市场监管局不服二审判决，向福建省高级人民法院申请再审。福建省高级人民法院认为二审判决并无不当，最终驳回了仙游县市场监管局的再审申请。

---

① 一审：福建省莆田市涵江区人民法院行政判决书，（2019）闽 0303 行初 80 号；二审：福建省莆田市中级人民法院行政判决书，（2019）闽 03 行终 158 号；再审：福建省高级人民法院行政裁定书，（2020）闽行申 376 号。

（三）检验

检验环节的核心是确保对检验过程的记录真实和完整，也就是说，检验机构应当对检验工作如实进行记录，原始记录应当有检验人员的签名或者等效标识，确保检验记录信息完整，可追溯、复现检验过程。[①] 这类似于司法中的“程序正义”。检验的目的是确定食品中某种物质的有无及其含量，目前的技术水平无法达到完全的客观真实，只能尽量接近。设定一系列的规范就是为了在尽量接近的过程中尽量排除干扰。检验记录信息不完整会导致难以排除某些干扰对检验结果的影响，从而影响到最终报告的效力。

案例2.6 检验结果不合格时未进行复验导致检验报告没有法律效力[②]

江苏省市场监管局委托南京食药检验院对无锡某商业公司销售的、由杭州某蜂业公司生产的“希好枣花蜂蜜”进行抽样检验。南京食药检验院出具的检验报告显示，该蜂蜜菌落总数项目不符合《食品安全国家标准　蜂蜜》（GB 14963－2011）的要求，检验结论为不合格。作为杭州某蜂业公司的属地监管部门，杭州市萧山区市场监管局经调查确认案涉蜂蜜运输、贮存符合要求后，认为杭州某蜂业公司生产经营菌落总数不合格的蜂蜜的行为违反了《食品安全法》第34条第13项的规定，遂根据《食品安全法》第124条，决定没收杭州某蜂业公司的违法所得，并处罚款。

杭州某蜂业公司不服该行政处罚，诉至法院，要求撤销处罚。

---

① 《食品药品监管总局关于印发食品检验工作规范的通知》（食药监科〔2016〕170号）第17条。

② 浙江省杭州市萧山区人民法院行政判决书，（2019）浙0109行初228号。

杭州某蜂业公司称，其发函至江苏省市场监管局调取到南京食药检验院出具的案涉检验报告关于菌落总数检测的原始记录，发现案涉原始记录信息不完整，数据缺失，检验结果正确性存疑，违反《食品检验工作规范》第17条“确保检验记录信息完整，可追溯、复现检验过程”的规定，主要是：

第一，实验室未记录温度、湿度、洁净度等重要环境指标，未能满足无菌操作要求，影响检验结果的客观公正，违反《食品安全国家标准　食品微生物学检验　总则》（GB 4789.1－2016）中2.2.4和2.2.5的规定。第二，制备培养皿全程应在实验室内的超净台或生物安全柜进行，但实验设备记录一栏没有表明这些设备，显示实验设备不能满足检验工作需要，样品在实验室内感染杂菌完全可能，违反《食品安全国家标准　食品微生物学检验　总则》（GB 4789.1－2016）中2.3.1和2.3.2的规定。第三，样品状态（是固体和半固体样品，还是液态样品）不清楚，根据《食品安全国家标准　食品微生物学检验　菌落总数测定》（GB 4789.2－2016）6.1.1和6.1.2规定，两种不同状态的样品实验方法不一样，所使用的实验操作方法不同。第四，案涉原始记录并未显示进行过结果复验程序，违反《食品检验工作规范》第18条“检验机构应当建立检验结果复验程序，在检验结果不合格或存疑等情况时进行复验并保存记录，确保数据结果准确可靠”的规定。

所以，杭州某蜂业公司认为，在该原始记录基础上出具的检验报告不应作为行政处罚的依据。法院最终以检验程序不符合《食品检验工作规范》第18条关于在检验结果不合格时应进行复验并保存记录的规定为由，认定杭州市萧山区市场监管局的行政处罚决定主要证据不足，并判决撤销。

笔者认为，该案判决有待商榷。该案的判决书显示，杭州某蜂业公司缴纳罚款后，曾向国家市场监管总局提交《关于对未经复验出具蜂蜜菌落总数不合格的NJ2018MC4011检验报告是否违反〈食品检验工作规范〉作出判断的请示函》。经国家市场监管总局转办，江苏省市场监管局就该请示函向杭州某蜂业公司书面复函称，食品微生物学检验是依据《食品安全国家标准　食品微生物学检验　总则》（GB 4789.1－2016）执行，该标准中7.3明确规定："检验结果报告后，剩余样品和同批产品不进行微生物项目的复检。"江苏省市场监管局在复函中进一步解释说，微生物在食品中分布的不均匀性，使微生物检测结果往往难以再现，考虑到食品微生物检验的特殊性，在食品安全检验中微生物检验均不执行复验程序。杭州某蜂业公司在诉讼中提交了江苏省市场监管局的复函，貌似提交了于己不利的证据，杭州市萧山区市场监管局也正是利用该复函进行答辩，但法院坚持认为，《食品检验工作规范》第18条所称的"复验"与《食品安全抽样检验管理办法》所称的"复检"不同，既然《食品检验工作规范》第18条所称的"复验"没有明确排除微生物项目，没有进行复验就是属于证据不足，那么行政处罚就应予撤销。

笔者的观点与萧山法院有所不同。笔者认为，《食品检验工作规范》是一般规定，《食品安全国家标准　食品微生物学检验　总则》（GB 4789.1－2016）是特殊规定，虽然《食品检验工作规范》第18条所称的"复验"没有明确排除微生物项目，但《食品安全国家标准　食品微生物学检验　总则》（GB 4789.1－2016）明确规定"检验结果报告后，剩余样品和同批产品不进行微生物项目的复检"，那么，按照特殊优于一般的原则，应该以GB 4789.1－2016为准。其实，本案中能对案涉检验报告发起更有力质疑的切入点在于原始记录的信息不完整，因为对于微生物这种结果难以复现的参数，实验过程信息的完整性就显得十分重要，信息越完整，所反映的操作越规范，检验结果才能越接近客观真实，而存疑的检验报告是不能作为行政处罚依据的。

从上述案例引申，有一个问题值得思考：流通领域的不合格食品检验报告是否均可作为处罚生产者的依据？笔者认为，应该视具体指标而定。那些不易受运输、储存环境影响的指标，其不合格原因多与生产工艺、过程控制有关，监管部门可以依据流通领域的不合格抽检报告追究生产者的责任，比如食品添加剂、污染物、农兽药残留、部分理化指标（如总酸、氨基酸态氮）、微生物指标中的部分致病菌指标（如大肠菌群、阪崎肠杆菌、嗜渗酵母计数）。而那些容易受到外部环境干扰的指标，应谨慎作为处罚依据，比如部分理化指标（如过氧化值，以脂肪计）、部分微生物指标（如菌落总数、霉菌）。上述案例中，虽然杭州市萧山区市场监管局对案涉蜂蜜的运输和贮存情况进行了调查并确认没有问题，但如果杭州某蜂业公司能提交案涉蜂蜜的出厂检验合格证明，案情走向可能会不一样。

（四）复检和异议

1. 复检

食品检验机构出具的监督抽检不合格检验结论，是食品安全监管部门对食品生产经营者实施行政处罚的重要依据。同时，《食品安全法》规定了复检制度作为食品生产经营者的救济途径。所谓食品复检，是指食品生产经营者对食品安全监督抽检的检验结论有异议时，在有效时限内向市场监管部门提出申请，由市场监管部门在公布的复检机构名录中随机确定复检机构对复检备份样品进行检验并出具最终检验结论的过程。

复检的流程包括申请与受理、复检机构确定、复检备份样品移交确认、复检实施与结论通知等环节，食品企业应予重点关注的事项如下：

（1）不予复检的情形。

不予复检的情形包括：检验结论为微生物指标不合格的；复检备份样品超过保质期的；逾期提出复检申请的；其他原因导致备份样品无法实现复检目的的；法律、法规、规章以及食品安全标准规定的不予复检的其他情形。[①] 这五种情形中，食品企业可以控制的大概只有不要逾期提出复检申请，所以，食品企业一定要在收到检验结论之日起7个工作日内提出书面复检申请。

（2）复检费用的承担。

复检费用包括检验费用和样品递送产生的相关费用。复检申请人应当向复检机构先行支付复检费用。复检结论与初检结论一致的，复检费用由复检申请人承担。复检结论与初检结论不一致的，复检费用由实施监督抽检的市场监督管理部门承担。[②] 由此可见，复检是有一定风险的，但对食品企业来说，这种风险值得承受。

2. 异议

除了申请复检，食品企业还可以对抽样过程、样品真实性、检验方法、标准适用等事项提出异议。对抽样过程有异议的，应当在抽样完成后7个工作日内书面提出，对样品真实性、检验方法、标准适用等事项有异议的，应当自收到不合格结论通知之日起7个工作日内书面提出[③]。无论哪种异议，都要提交证明材料。

此外，在复检和异议期间，食品企业仍应继续采取封存不合格食品，暂停生产、经营不合格食品，通知相关生产经营者和消费者，

① 《食品安全抽样检验管理办法》（2022年修正）（国家市场监督管理总局令第61号）第31条。

② 《食品安全抽样检验管理办法》（2022年修正）（国家市场监督管理总局令第61号）第36条。

③ 《食品安全抽样检验管理办法》（2022年修正）（国家市场监督管理总局令第61号）第37条。

召回已上市销售的不合格食品等风险控制措施。[①] 这与复议、诉讼不停止执行的原理是相通的。

第四节　食品标签审核

食品标签是向消费者传递产品信息的载体，包括食品包装上的文字、图形、符号及一切说明物。检验合格是对食品的内在要求，标签合规是对食品的外在要求。无论预包装食品、散装食品还是现制现售食品，均需要标签作为与消费者沟通的媒介，这既是维护消费者权益、保障行业健康发展的有效手段，也是实现食品安全科学管理的需求。

一、预包装食品标签

《食品安全国家标准　预包装食品标签通则》（GB 7718－2011）规定了预包装食品标签的基本要求和标示内容。预包装食品标签的核心原则可以概括为 4 个字，即“真实”和“准确”。直接向消费者提供的预包装食品标签，其标示内容应包括食品名称、配料表、净含量和规格、生产者、经销者的名称、地址和联系方式、生产日期和保质期、贮存条件、食品生产许可证编号、产品标准代号、营养标签及其他需要标示的内容（如辐照食品、转基因食品、质量或品质等级等）。其中，下列标示内容需要特别注意。

（一）食品名称

《食品安全国家标准　预包装食品标签通则》（GB 7718－2011）

① 《食品安全抽样检验管理办法》（2022 年修正）（国家市场监督管理总局令第 61 号）第 40 条。

4.1.2.1规定，应在食品标签的醒目位置，清晰地标示反映食品真实属性的专用名称。所谓“反映食品真实属性的专用名称”应能够反映食品本身固有的性质、特性、特征，具有明晰产品本质、区分不同产品的作用，使消费者一看便能联想到食品的本质，通常情况下是指国家标准、行业标准、地方标准中规定的食品名称或食品分类名称。若上述名称有多个时，可选择其中的任意一个，或不引起歧义的等效的名称；在没有标准规定的情况下，应使用能够帮助消费者理解食品真实属性的常用名称或通俗名称。[①] 比如，使用草莓香精但不含草莓成分的冰淇淋，不应命名为“草莓冰淇淋”，应该命名为“草莓味冰淇淋”，同时，也不得在标签上标示草莓的实物图案，否则就是违背了“真实”和“准确”的原则。[②]

（二）配料的定量标示

根据《食品安全国家标准　预包装食品标签通则》（GB 7718－2011）4.1.4规定，如果在食品标签或食品说明书上特别强调添加了或含有一种或多种有价值、有特性的配料或成分，应标示所强调配料或成分的添加量或在成品中的含量。比如，在配料之外特别强调“添加草莓原浆”，则在配料表中应标注草莓原浆的添加量或含量。而如果在食品的标签上特别强调一种或多种配料或成分的含量较低或无时，也应标示所强调配料或成分在成品中的含量。比如，某产品在标签上标示“无蔗糖”，或者某产品的食品名称标示“无淀粉火腿”，此时需要标示蔗糖或者淀粉在产品中的含量（标示“无”，则含量应为0）。《市场监管总局办公厅关于火腿肠标签有关问题的

---

① 《食品安全国家标准　预包装食品标签通则》（GB 7718－2011）问答（修订版）十九。

② 《食品安全国家标准　预包装食品标签通则》（GB 7718－2011）问答（修订版）十一。

复函》（市监食生函〔2019〕1286 号）指出，当使用“不添加”等词汇修饰某种配料（包括食品添加剂）时，应当真实准确地反映食品配料的实际情况，即生产过程中不添加某种物质，其原料中也不含有该种物质。可见，标示“无添加”的要求是很高的。但是，如果食品名称中提及了某种配料或成分而未在标签上特别强调，则不需要标示该种配料或成分的添加量或在成品中的含量。比如，产品名称为“阿胶糕”，“阿胶”只在名称中提及，未在标签上特别强调添加了“阿胶”，名称上也未特意将“阿胶”字体更突出、更显眼，则无须标注阿胶的添加量或在成品中的含量。

需要特别说明的是，如果涉及“不含”或“不添加”声称的物质是某种食品添加剂，而《食品安全国家标准　食品添加剂使用标准》（GB 2760－2014）没有批准该种食品添加剂应用于某类食品时，标示“不含”或“不添加”该种食品添加剂就是属于误导消费者。[①]《预包装食品标签通则（征求意见稿)》和《食品标识监督管理办法（征求意见稿)》也都规定，对于食品中不含有或者未使用的物质，不得以“不添加”“零添加”“不含有”或类似字样强调不含有或者未使用。可见，政策趋势是对此予以禁止，食品企业想要以此增加卖点的操作空间会越来越小。

案例 2.7　特别强调添加了橄榄油但未标示添加量被处罚[②]

盐城某食品公司购进金龙鱼牌橄榄原香食用调和油 290 瓶，加价销售给盐城某超市，获得销售收入 34800 元，净利润 2836.9 元。

① 食品安全国家标准审评委员会秘书处编著，王竹天、樊永祥主编：《食品安全国家标准常见问题解答》，中国质检出版社、中国标准出版社 2016 年版，第 90 页。

② 一审：江苏省东台市人民法院行政判决书，（2012）东行初字第 0068 号；二审：江苏省盐城市中级人民法院行政判决书，（2013）盐行终字第 0032 号。该案为最高人民法院指导案例 60 号。

盐城东台市工商局执法人员在该超市检查时，发现上述金龙鱼牌橄榄原香食用调和油未标示橄榄油的添加量。上述金龙鱼牌橄榄原香食用调和油名称为“橄榄原香食用调和油”，其标签上有“橄榄”二字，配有橄榄图形，标签侧面标示“配料：菜籽油、大豆油、橄榄油”等内容，吊牌上写明：“金龙鱼橄榄原香食用调和油，添加了来自意大利的100%特级初榨橄榄油，洋溢着淡淡的橄榄果清香。除富含多种维生素、单不饱和脂肪酸等健康物质外，其橄榄原生精华含有多苯酚等天然抗氧化成分，满足自然健康的高品质生活追求。”

盐城东台市工商局认为，盐城某食品公司属于经营食品标签上特别强调添加某种有价值、有特性配料而未标示添加量的情形，依照《食品安全法》规定，决定罚没60000元。盐城某食品公司不服，认为其经营的金龙鱼橄榄原香食用调和油标签上的“橄榄原香”是对产品物理属性的客观描述，并非对某种配料的强调，不需要标明含量或者添加量。橄榄油是和其他配料菜籽油、大豆油相同的普通食用油配料，并无特殊功效或价值，不是“有价值、有特性的配料”。盐城东台市工商局作出行政处罚错误，应予撤销。经申请行政复议、提起行政诉讼，一直上诉至盐城市中级人民法院，盐城某食品公司仍未得到支持。

法院生效裁判认为，盐城某食品公司的违法行为发生在2011年9月至2012年2月，《预包装食品标签通则》（GB 7718－2004）属于当时的食品安全国家标准，可以适用于本案。《预包装食品标签通则》（GB 7718－2004）规定，“预包装食品标签的所有内容，不得以虚假、使消费者误解或欺骗性的文字、图形等方式介绍食品；也不得利用字号大小或色差误导消费者”，“如果在食品标签或食品说明书上特别强调添加了某种或数种有价值、有特性的配料，应标示所强调配料的添加量”。这里所指的“强调”，是特别着重或着重提出，一般意义上，通过名称、色差、字体、字号、图形、排列顺序、文字说明、同一内容反复出现或多个内容都指向同一事物等形式表现，均可理解为对某事物的强调。“有价值、有特性的配料”，是指对人体有较高的营养作用、配料本身不同于一般配料的特殊配料。通常理解，此种配料的市场价格或营养成分应高于其他配料。

本案中，盐城某公司认为“橄榄原香”是对产品物理属性的客观描述，并非对某种配料的强调，但从盐城某公司销售的金龙鱼牌橄榄原香食用调和油的外包装来看，其标签上以图形、字体、文字说明等方式突出了“橄榄”二字，强调了该食用调和油添加了橄榄油的配料，且在吊牌（食品标签的组成部分）上有“添加了来自意大利的100%特级初榨橄榄油”等文字叙述，显而易见地向消费者强调该产品添加了橄榄油的配料，该做法本身实际上就是强调“橄榄”在该产品中的价值和特性。一般来说，橄榄油的市场价格或营养作用均高于一般的大豆油、菜籽油等，因此，如在食用调和油中添加了橄榄油，可以认定橄榄油是“有价值、有特性的配料”。因此，盐城某食品公司未标示橄榄油的添加量，属于违反食品安全标准的行为。盐城东台市工商局所作行政处罚决定具有事实和法律依据，应予维持。

（三）日期标示

标签中的日期即生产日期和保质期。根据《食品安全国家标准 预包装食品标签通则》（GB 7718－2011）2.4 和 2.5 规定，生产日期是指食品成为最终产品的日期，也包括包装或罐装日期，即将食品装入（灌入）包装物或容器中，形成最终销售单元的日期。保质期是指预包装食品在标签指明的贮存条件下，保持品质的期限。在此期限内，产品完全适于销售，并保持标签中不必说明或已经说明的特有品质。[①] 需要说明的是，食品的变质是一个渐变的过程，食品成分或者其中的细菌，不会过了保质期，一下子就变成毒药。但这个问题对于消费者来说过于专业，所以法律干脆禁止经营超过保质期的食品，以保护消费者的健康。

日期标示的核心要求是真实且清晰，不得在已有的标签上通过加贴、补印等手段单独对日期进行篡改。但如果整个食品标签以不干胶形式制作，包括“生产日期”“保质期”的内容，那么整个不干胶加贴在食品包装上是允许的。[②]

日期标示方面的不合规行为主要有日期缺失、日期模糊、标注虚假日期（包括篡改）等。日期缺失的情形违反了《食品安全法》第 67 条，日期模糊的情形违反了《食品安全法》第 71 条第 2 款，对上述情形都可以依照《食品安全法》第 125 条第 1 款进行处罚。而标注虚假日期的情形更为严重，违反了《食品安全法》第 34 条第 10 项，应当依照《食品安全法》第 124 条第 1 款给予处罚。《市场监管总局办公厅关于经营者销售生产日期喷码被涂抹的预包装食品案件定性的复函》（市监稽函〔2020〕616 号）明确，销售“生产日期喷码”被部分涂抹的食品，违反了《食品安全法》第 67 条第 3 款、第 71 条第 2 款规定，应当按照《食品安全法》第 125 条第 1 款进行处罚。在这个复函中，市场监管总局认为生产日期被部分涂抹不属于标注虚假日期，而是属于日期模糊导致不容易辨识。但有时候司法机关可能会将日期模糊的情形认定为标注虚假日期，食品企业应引起注意。

---

① 《食品安全法》和中国食品工业协会团体标准《食品保质期通用指南》（T/CNFIA 001－2017）对保质期的定义与此大致相同。

② 《食品安全国家标准　预包装食品标签通则》（GB 7718－2011）问答（修订版）五十八。

案例 2.8　生产日期标示模糊导致被判赔偿①

童某在深圳某零售公司购买饮料一盒，价格 7.5 元。该饮料的外包装上生产日期标注模糊，无法辨认具体日期。童某认为该饮料不符合食品安全标准，诉至法院要求退货退款并赔偿 1000 元。深圳某零售公司认为，案涉产品的同批次其他所有产品均已明确清晰地标注了生产日期，案涉产品的标签瑕疵问题仅属于印刷失误，不会对童某造成误导，更不会影响食品安全。

法院认为，深圳某零售公司向童某出售的产品上生产日期标识模糊，消费者无法辨认具体的生产时间，因此也无法认定其保质期，该产品属于不符合食品安全标准的产品。深圳某零售公司经营标注虚假生产日期食品的行为违反了《食品安全法》第 34 条第 1 款第 10 项的规定，应向童某退回货款并支付赔偿金。

当同一预包装内含有多个标示了生产日期及保质期的单件预包装食品时，根据《食品安全国家标准　预包装食品标签通则》（GB 7718－2011）及《〈食品安全国家标准　预包装食品标签通则〉（GB 7718－2011）问答（修订版）》，可以选择以下四种标示方式之一：第一，生产日期标示最早生产的单件食品的生产日期，保质期按最早到期的单件食品的保质期标示；第二，生产日期标示外包装形成销售单元的日期，保质期按最早到期的单件食品的保质期标示；第三，在外包装上分别标示各单件食品的生产日期和保质期；第四，如果外包装易于开启，或者透过外包装容易看到内包装上标示的生

① 广东省深圳市罗湖区人民法院民事判决书，（2020）粤 0303 民初 23146 号。该案适用小额诉讼程序，故该判决为终审判决。

产日期，可以标示“见盒内小包装”。[1]

比如，一个月饼礼盒装了两种月饼 A 和 B，保质期都是 30 天，A 月饼的生产日期是 2021 年 9 月 1 日，B 月饼的生产日期是 2021 年 9 月 5 日，礼盒形成的日期是 2021 年 9 月 10 日。那么这个礼盒产品的生产日期和保质期按照上述四种方式可以标示为：

第一，生产日期标示最早生产的 A 月饼的生产日期 2021 年 9 月 1 日，保质期 30 天；

第二，生产日期标示礼盒形成的日期 2021 年 9 月 10 日，保质期 20 天；

第三，分别标示 A 月饼和 B 月饼各自的生产日期和保质期；

第四，该礼盒易于开启时可在礼盒上标示“生产日期及保质期见小包装”。

那么，假如外包装保质期到期的时间早于内包装中最早到期的单件食品的保质期，此时该如何认定行为性质呢？

案例 2.9 外包装保质期到期的时间早于内包装中最早到期的单件食品的保质期不属于虚假标示[2]

北京市房山区食药局接到举报，称北京某超市销售的某品牌果冻的内外包装生产日期、保质期不一致，要求查处。经查明，该超市经营的案涉果冻为 5 只/包，生产者为广东某食品公司，外包装上标示生产日期为 2017 年 8 月 10 日，保质期 350 天，包装内有 5 只不同口味的果冻，其中，柠檬味果冻 2 只，生产日期 2017 年 8 月 10

---

① 《食品安全国家标准　预包装食品标签通则》（GB 7718－2011）3.11、4.1.7.2 和《食品安全国家标准　预包装食品标签通则》（GB 7718－2011）问答（修订版）十七、十八。

② 一审：北京市房山区人民法院行政判决书，（2018）京 0111 行初 87 号；二审：北京市第二中级人民法院行政判决书，（2018）京 02 行终 908 号。

日，苹果味果冻 1 只，生产日期2017 年8 月8 日，荔枝味果冻2 只，生产日期2017 年8 月7 日，以上果冻保质期均标示为12 个月。北京市房山区食药局认定举报内容属实，认为北京某超市违反了《食品安全法》第 71 条第 1 款的规定，根据《食品安全法》第 125 条第 1 款第 2 项的规定，决定没收北京某超市的违法所得，并处罚款 25000 元。

北京某超市不服该行政处罚，诉至北京市房山区人民法院，认为虽然案涉果冻标签标示的保质期短于内包装中保质期最早到期的单件食品，但缩短的保质期未损害消费者的健康及权益，应系合法。北京市房山区食药局认定事实错误，行政处罚应予撤销。一审法院认为，预包装食品包装上的生产日期、保质期均涉及食品安全，相关法律法规、规范性文件对生产日期、保质期的标示形式、起算方法等作了较为明确的规定，生产经营者应当严格遵照执行，不应作任何变更，以防给消费者造成误导，所以，案涉果冻标签对保质期的标示不合法，北京市房山区食药局作出的行政处罚决定应予维持。

作为一审第三人，广东某食品公司不服一审判决，上诉至北京市第二中级人民法院。二审中，广东某食品公司提交了两个新证据，即国家食品安全风险评估中心对中国食品工业协会《关于外包装上保质期标示有关问题》的复函，以及中国食品工业协会对广东某食品公司《关于 GB 7718 中组合产品生产日期和保质期标示方式的请示》的复函。国家食品安全风险评估中心和中国食品工业协会均认为，广东某食品公司生产的案涉产品外包装的保质期按最早到期的单件食品的保质期计算后，标示主动缩短后的保质期，符合《食品安全国家标准　预包装食品标签通则》4. 1. 7. 2 的规定。二审法院采信了这两个新证据。

二审法院认为，外包装保质期到期的时间早于内包装中最早到期的单件食品的保质期，这一标签标示是否合法系本案所要解决的焦点问题。外包装上标示缩短的保质期并未损害消费者的健康及合法权益，没有对消费者造成食品安全方面的误导，符合《食品安全法》的立法本意，不属于标签含有虚假内容的情况。北京市房山区食药局认定案涉产品标签虚假继而作出行政处罚，属于认定事实不清，证据不足。最终二审法院撤销了行政处罚和一审判决。

此外应注意，单纯性分装或添加少量其他成分后分装的定型包装食品的生产日期按分装日期标注；产品保质期按被分装食品的原保质期标注，若添加成分的保质期比被分装食品的保质期短，则按添加成分的原保质期标注。① 酒精度大于等于 10% 的饮料酒、食醋、食用盐、固态食糖类和味精，可以免除标示保质期。② 而有的食品国家鼓励标示保质期到期日，比如《市场监管总局关于鼓励企业标注乳制品食用期限的公告》（国家市场监督管理总局公告 2021 年第 34 号）就鼓励食品生产企业生产的需冷藏保存的巴氏杀菌乳、发酵乳，在标明生产日期的基础上，明确标注保质期到期日。

（四）营养标签

营养标签是预包装食品标签上向消费者提供食品营养信息和特性的说明，包括营养成分表、营养声称和营养成分功能声称。③ 并非所有预包装食品都要强制标示营养标签，可豁免标示的预包装食品包括生鲜食品、乙醇含量≥0.5% 的饮料酒类、包装总表面积≤100cm² 或最大表面面积≤20cm² 的食品、现制现售的食品、包

---

① 《关于食品分装加工及分装食品监督管理有关问题的批复》（卫监督发〔2004〕310 号）。

② 《食品安全国家标准　预包装食品标签通则》（GB 7718－2011）4. 3. 1。

③ 《食品安全国家标准　预包装食品营养标签通则》（GB 28050－2011）2. 1。

装的饮用水、每日食用量≤10g 或 10mL 的预包装食品以及其他法律法规标准规定可以不标示营养标签的预包装食品。[①]

在食品保质期内，能量和营养成分含量允许有误差，误差范围应符合《食品安全国家标准　预包装食品营养标签通则》（GB 28050－2011）表 2 的规定。但是，食品企业印制一批包装物往往数量较大，因为要用很久，当时间一长，能量和营养成分含量误差可能超出允许的范围，此时容易被职业索赔人以标签不符合食品安全标准为由举报到监管部门或者起诉到法院，从而导致食品企业面临两难的境地：一方面是潜在的高额罚款或索赔，另一方面是尚未使用完毕、货值较大的包装物。虽然《食品安全国家标准　预包装食品营养标签通则》（GB 28050－2011）问答（修订版）第 53 条阐述说，当检测数值与标签标示数值出现较大偏差时，企业应分析产生差异的原因，如主要原料的季节性和产地差异、计算和检测误差等，及时纠正偏差。但实践当中，执法和司法机关尚未形成统一认识，食品企业因此遭到查处和索赔的案例时有发生，食品企业对此应予重视。

此外，营养声称也是容易出错的地方。根据《食品安全国家标准　预包装食品营养标签通则》（GB 28050－2011）2.7 规定，营养声称包括含量声称和比较声称。含量声称是指描述食品中能量或营养成分含量水平的声称，比较声称是指与消费者熟知的同类食品的营养成分含量或能量值进行比较以后的声称。含量声称和比较声称的要求、条件和同义语规定在该通则的附录 C。此处的问题主要也是数值的准确性问题。

另需注意的是，益生菌不是《食品安全国家标准　预包装食品

---

① 《食品安全国家标准　预包装食品营养标签通则》（GB 28050－2011）7。但这些食品如果在包装上出现任何营养信息，即应遵照 GB 28050 执行。此处将现制现售食品列入似有概念混乱之嫌，因为现制现售食品不属于预包装食品。

营养标签通则》（GB 28050－2011）规定的营养成分，不应在营养成分表中标示，也不应进行营养声称或者营养成分功能声称。

（五）食品组合标签

将食品与食品或其他产品进行组合包装，是食品生产经营者常见的促销方式。组合的形式包括礼盒、礼品袋、组合包等。按照组合内部产品的属性，可分为预包装食品组合销售与预包装食品和非食品组合销售两种情况。[①]

预包装食品组合的情形下如何进行标签标示比较明确。根据《食品安全国家标准　预包装食品标签通则》（GB 7718－2011）3.10、3.11及《〈食品安全国家标准　预包装食品标签通则〉（GB 7718－2011）问答（修订版）》第17条的规定，首先，组合内每件独立包装的食品，其标识应当分别标注其上。其次，根据外包装的不同情况分别处理，若外包装易于开启识别或透过外包装能清晰识别组合内每件食品的所有或部分强制标示内容，可不在外包装上重复标示相应内容，否则应在外包装上标示组合内每件食品的所有强制标示内容（可将共有信息统一标示）。

预包装食品和非食品组合的情形下，非食品应该有独立包装，不会对食品产生危害（如有害物质迁移），没有异味，其标识符合《产品质量法》第27条的要求，保存条件、运输方式等与预包装食品一致。如果非食品本身易造成误食，或者使用不当容易造成人身伤害的，应当在其标识上标注警示标志或者中文警示说明。[②] 两者组合而成的外包装应该同时标示食品和非食品的所有信息。

---

① 但月饼不能与其他产品混装，粽子不能与超过其价格的产品混装，见《限制商品过度包装要求　食品和化妆品》（GB 23350－2021）第1号修改单。

② 《食品标识管理规定》（2009年修订）（国家质量监督检验检疫总局令2009年第123号）第15条。

（六）委托生产标示

委托加工时，需要标示委托方和被委托方的名称、地址和联系方式，以及被委托方的食品生产许可证等信息，[①] 但应当使用委托方注册的厂商识别代码及相应的商品条码。[②] 规范的标示用语如（受）委托单位、（受）委托企业等。其他用语如“监制”“出品”“合作”等，不应代替规范用语，但如果是单纯的商业行为，且能提供相关证明材料，可以在标签上另行标示。如果涉及政府部门、检验机构、行业协会等，则为法律所不允许。[③]

（七）特论：预制菜标签

预制菜作为一个重组式创新概念，对其内涵和外延尚未有统一的认识。从相关资料来看，预制菜有广义和狭义两种。广义的预制菜概念以中国食品工业协会发布的团体标准《预制包装菜肴》（T/CNFIA 115－2019）为典型，该标准对预制菜的定义为：以一种或多种食品原辅料（包含谷物或豆类或薯类或玉米及其制品、畜禽肉和副产品及其制品、水产品及其制品、植物蛋白及其制品、果蔬及其制品、蛋及其制品、乳及乳制品、食用菌及其制品），配以或不配以调味料等辅料（含食品添加剂），经预选、调制、成型、包装、

---

① 虽然《食品安全国家标准　预包装食品标签通则》（GB 7718－2011）4.1.6.1.3 规定可以仅标示委托单位的名称和地址及产地（产地即被委托方所在地级市地域），但 GB 7718 的修订趋势是两者信息都标示。

② 《国家质量监督检验检疫总局关于〈商品条码管理办法〉实施过程中有关问题意见的函》（质检办法函〔2008〕67 号）。

③ 《食品安全法》第 73 条第 2 款规定：“县级以上人民政府食品安全监督管理部门和其他有关部门以及食品检验机构、食品行业协会不得以广告或者其他形式向消费者推荐食品。消费者组织不得以收取费用或者其他牟取利益的方式向消费者推荐食品。”《产品质量法》第 25 条规定：“市场监督管理部门或者其他国家机关以及产品质量检验机构不得向社会推荐生产者的产品；不得以对产品进行监制、监销等方式参与产品经营活动。”

速冻等工艺加工而成，并在冷链条件下进行贮存、运输及销售的菜肴。同时，该标准将预制菜分五类：一是生制预制菜，是指食用时需要或不需要烹饪熟制的预制菜；二是熟制预制菜，是指食用时解冻或需经过简单加热烹饪处理即可食用的预制菜；三是速冻预制菜，是指经过速冻工艺加工并在－18℃冷链状态下流通、销售的预制菜；四是冷藏预制菜，是指在0～4℃范围内可以控制产品质量、在冷藏状态下流通、销售的预制菜；五是常温预制菜，是指在常温下可以控制产品质量、并在常温状态下流通、销售的预制菜。

狭义的预制菜概念以《广东省人民政府办公厅关于印发〈加快推进广东预制菜产业高质量发展十条措施〉的通知》（粤府办〔2022〕10号）为典型，该通知对预制菜的定义是：预制菜一般是指将各种食材配以辅料，加工制作为成品或半成品，经简易处理即可食用的便捷风味菜品。至于预制菜的分类，该通知只是将预制菜简单地分为水产类、畜禽类、蔬菜类等。

从上述广义预制菜的概念和分类来看，第三类速冻预制菜其实已经有标准，比如《食品安全国家标准　速冻面米与调制食品》（GB 19295－2021）、《中华人民共和国国内贸易行业标准　速冻调制食品》（SB/T 10379－2012）。而从《食品安全国家标准　动物性水产制品》（GB 10136－2015）中的术语和定义来看，其也是广义的预制菜标准。这也从侧面说明，预制菜的概念并非颠覆式创新，而是重组式创新。

本质上说，预制菜的出现是下厨和下馆子两种需求折中的产物。下厨的流程包括挑菜、洗菜、切配、前处理、烹饪，而下馆子则这些流程全都不用自己动手，坐等美食即可。不想舟车劳顿去餐馆又嫌下厨流程烦琐怎么办？那就把挑菜、洗菜、切配、前处理这几个步骤外包出去，自己只管烹饪就行，烹饪之前拿到手的预制菜是生的就是半成品菜，熟的就是成品菜。从这个角度来说，狭义预制菜的概念更符合人们一般观念中对预制菜的印象。

《预制包装菜肴》（T/CNFIA 115－2019）规定，产品标签应符合 GB 7718 和 GB 28050 的规定，并注明产品类别和食用方法。鉴于狭义预制菜是典型的预制菜场景，而狭义预制菜至少包括一个原辅料和一个调味料，则标签方面应注意以下几点：

（1）预制菜中的原辅料包和调味料包要有各自的标签[①]，如果预制菜的外包装易于开启或透过外包装物能清晰地识别里面原辅料包和调味料包上所有强制标示内容或部分强制标示内容，可不在外包装物上重复标示相应的内容，否则应在外包装物上标示所有强制标示内容。

（2）预制菜外包装在标示净含量的同时还应标示规格。由于原辅料包和调味料包的规格即指净含量，则可在总的净含量附近分列原辅料包和调味料包的名称和净含量。

（3）如果原辅料包或调味料包是委托其他单位生产的，应把委托单位和受委托单位的名称和地址都标示出来。

（4）如果原辅料包和调味料包的生产日期及保质期不同，则预制菜外包装上标示的保质期应按最早到期的保质期计算，标示的生产日期应为外包装形成销售单元的日期。

二、散装食品和现制现售食品标签

散装食品和现制现售食品都应该有标签，否则消费者无从知晓食品信息，不利于消费者的权益保护。对散装食品标签的要求规定在《食品安全法》第 68 条，需要标示的信息包括食品的名称、生产

---

① 虽然《国家卫生计生委食品司关于预包装食品内调料包标签标示有关问题的复函》（国卫食品标便函〔2014〕227 号）指出，方便面等预包装食品内的调料包是预包装食品的组成部分，不单独作为预包装食品销售，不适用于《食品安全国家标准　预包装食品标签通则》（GB 7718－2011），但预制菜的调料包大都比方便面等更复杂，为保障消费者的知情权，建议分别标示为佳。

日期或者生产批号、保质期以及生产经营者名称、地址、联系方式等内容。

而对现制现售食品标签的要求则尚未有统一的法律规定。虽然《食品药品监管总局办公厅关于加强食品销售者现场制售食品监管工作的通知》（食药监办食监二〔2016〕100号）和《市场监管总局办公厅关于加强现制现售奶茶果蔬汁监督管理的通知》（市监食监二〔2018〕19号）这两个文件对现制现售食品的监管作出了规定，但没有提及标签问题。上海市地方标准《即食食品现制现售卫生规范》（DB 31/2027－2014）9.6.2规定：在现制现售现场定量或非定量装入密封容器或包装材料中的食品应有标签。标签上应标注品名、现制现售单位、制作日期和时间、保质期（或最长食用期限）；对保存条件和食用方式有特殊要求的，也应在标签上注明。裱花蛋糕应在产品表面或外包装封口处清晰标注生产日期。虽然该标准不能适用于上海以外的省市，但可资借鉴。

第三章

食品企业的日常运营与竞争策略

食品行业是一个充满竞争的行业，但食品行业的市场容量足够大，所以食品企业之间的竞争并非完全是此消彼长的关系。食品企业参与市场竞争的最终目的是使其产品占据消费者心智，让消费者随时能想起来、随时能买得到。为使消费者随时能想起来，食品企业需要注册商标、设计商品包装、装潢，投放广告，进行赞助、冠名、联名，开展促销等。为使消费者随时能买得到，食品企业需要线上线下全渠道运营，线上运营即电商，线下则食品企业要尽量把产品铺到消费者身边。线上线下所要遵循的规则其实是一样的，食品企业要特别注意保护消费者的个人信息，并保护好自己的专利和商业秘密。

第一节　商标与包装、装潢

一、商标的设计与布局

商标是指能够将不同经营者所提供的商品或者服务区别开来的标志。商标最基本的功能是表明来源，降低消费者的搜寻成本。同时，商标还具有保证品质、促进销售、承载信誉、彰显个性等功能，特别是在物质生产极大丰富的今天，想要从琳琅满目的同类商品中脱颖而出，设计一个让人过目不忘的商标尤为重要。

（一）商标应具有显著性

我国《商标法》所认可的商标构成，包括文字、图形、字母、数字、三维标志、颜色组合和声音等，以及这些要素的组合[①]。据此，商标可分为平面商标、立体商标、颜色商标和声音商标等类型，其中最主要的是平面商标，包括文字商标、字母商标、数字商标、图形商标，以及文字（字母、数字）和图形的组合商标。

但并非任何标志都可以作为商标使用，禁止的情形包括[②]：

第一，官方特定标志，包括：与我国的国家名称、国旗、国徽、国歌、军旗、军徽、军歌、勋章等相同或者近似的，以及同中央国家机关的名称、标志、所在地特定地点的名称或者标志性建筑物的名称、图形相同的；同外国的国家名称、国旗、国徽、军旗等相同或者近似的，但经该国政府同意的除外；同政府间国际组织的名称、

---

① 《商标法》第 8 条。

② 《商标法》第 10 条。

旗帜、徽记等相同或者近似的，但经该组织同意或者不易误导公众的除外；与表明实施控制、予以保证的官方标志、检验印记相同或者近似的，但经授权的除外；同“红十字”“红新月”的名称、标志相同或者近似的。禁止官方特定标志用作商标是为了维护国家、国际组织和相关团体的尊严及权威。

第二，有损公序良俗的标志，包括：带有民族歧视性的；带有欺骗性，容易使公众对商品的质量等特点或者产地产生误认的；有害于社会主义道德风尚或者有其他不良影响的，比如“叫了个鸡”“叫个鸭子”这种标志，格调不高，有害于我国的道德风尚，不但无法注册成功，在经营当中使用的，还会招致监管部门的行政处罚。“其他不良影响”比如将政治、经济、文化、宗教、民族等领域公众人物姓名等申请注册为商标。[①]

第三，县级以上行政区划的地名或者公众知晓的外国地名。但是，地名具有其他含义或者作为集体商标、证明商标组成部分的除外，比如，“凤凰”除了具有行政区划地名的含义外，还有“传说中的百鸟之王”的含义，且公众更熟知后一种含义。已经注册的使用地名的商标继续有效，如哈尔滨啤酒。

上述禁用情形虽然有例外，但例外情形的操作成本太高，食品企业还是走原创的道路更为经济和有效。而原创的核心是显著性，以便于识别，缺乏显著性的标志不能作为商标注册。商标的显著性可以通过两种方式获得：固有显著性和通过使用获得显著性。

固有显著性是指一个标志由于其创造性或者正确选用而具有天然的显著特征。[②] 从学理上来说，具备固有显著性的商标包括臆造性商标、任意性商标和暗示性商标。臆造性商标的显著性最强，任意

---

① 《最高人民法院关于审理商标授权确权行政案件若干问题的规定》（2020 年修正）（法释〔2020〕19 号）第 5 条第 2 款。

② 参见吴汉东主编：《知识产权法》，法律出版社 2014 年版，第 229 页。

性商标次之，暗示性商标的显著性较弱。臆造性商标是专门为了作为商标使用而创造出来的，可以称为“无中生有”，它没有特定含义，其中的词汇甚至从来没有在词典里面出现过，更谈不上与商品之间有任何关联性，正是这种反差让消费者印象深刻，从而获得最大的识别效果，如伊利。任意性商标所使用的词汇是现成的普通词汇，有其自身的含义，与商品之间没有关联性，可以称为“出其不意”，所以显著性仍然较强，但由于任意性商标与商品之间的反差要小于臆造性商标，故任意性商标的显著性要弱于臆造性商标，比如用在葡萄酒上的“长城”就是任意性商标。暗示性商标使用的也是现成的普通词汇，也有其自身的含义，但在一定程度上暗示了商品的某一特点，与商品之间的反差较小，呈现一种欲说还休的关联性，可以称为“话里有话”。由于暗示性商标仍需要消费者施加一定的想象力才能将该商标与其所要指示的商品联系起来，因而仍然可以起到区别作用，比如用在酱油上的“厨邦”商标就是暗示性商标，暗示其商品是厨房里的好帮手。

通过使用获得显著性，是指不具备固有显著性的标志，经过不断地使用而取得显著特征，并便于识别，从而可以作为商标注册。这种情形适用于通用名称（图形、型号）、描述性标志和其他缺乏显著特征的标志。通用名称（图形、型号）处于公有领域，消费者难以将其与某个特定的经营者联系起来，缺失作为商标的基本功能。通用名称包括法定和约定俗成两种情形。法定的通用名称即依据法律规定或者国家标准、行业标准属于商品通用名称的情形。约定俗成的通用名称即相关公众普遍认为某一名称能够指代一类商品的情形。被专业工具书、辞典等列为商品名称的，可以作为认定约定俗成的通用名称的参考。约定俗成的通用名称一般以全国范围内相关公众的通常认识为判断标准，但有些由于历史传统、风土人情、地理环境等原因形成的相关市场固定的商品，在该相关市场内通用的称谓，也可以认定为通用名称。[①]

而描述性标志仅直接表示商品的质量、主要原料、功能、用途、重量、数量及其他特点，如果允许注册为商标，会妨碍其他经营者用来说明自己的产品（如“纯净”牌食用油）。其他缺乏显著特征的标志如常用祝颂语和日常用语、网络流行词汇及表情包、常用标志符号、节日名称、格言警句等。如果主张这些标志经过使用获得显著特征，应当提交相应证据材料加以证明，往往耗时耗力还不一定能达到目标。[②] 而且，根据我国《商标法》第44条第1款，已经注册的商标，违反《商标法》第10条（前述三类禁止情形）、第11条（前述三种缺乏显著性的情形）、第12条（功能性三维标志情形）规定的，商标局可以宣告该注册商标无效，其他单位或者个人也可以请求商标评审委员会宣告该注册商标无效。所以，对于食品企业来说，最好是“无中生有”原创一个臆造性商标，退而求其次可以设计一个“出其不意”的任意性商标或者“话里有话”的暗示性商标。

案例3.1 “曼松”茶显著性之争[③]

“曼松”商标的注册人是云南某茶业公司。国家知识产权局作出的《关于第9335126号“曼松”商标无效宣告请求裁定书》［商评

① 《最高人民法院关于审理商标授权确权行政案件若干问题的规定》（2020年修正）（法释〔2020〕19号）第10条。

② 功能性三维标志（仅由商品自身的性质产生的形状、为获得技术效果而需有的商品形状、使商品具有实质性价值的形状）也不得注册，但仅以商品自身形状或者自身形状的一部分作为三维标志，经过长期或者广泛使用，相关公众能够通过该标志识别商品来源的，可以认定该标志具有显著特征。参见《商标法》第12条、《最高人民法院关于审理商标授权确权行政案件若干问题的规定》（2020年修正）（法释〔2020〕19号）第9条。

③ 一审：北京知识产权法院行政判决书，（2019）京73行初11089号；二审：北京市高级人民法院行政判决书，（2020）京行终3768号。

字（2019）第169107号］认定，“曼松”商标在“茶；茶叶代用品；冰茶；茶饮料”商品上的注册违反了2001年《商标法》第11条第1款第2项的规定，予以宣告无效。云南某茶业公司不服，诉至北京知识产权法院。北京知识产权法院认为，古时曼松茶主要长在曼松王子山，为倚邦著名贡茶。虽然后来茶园被毁、曼松老寨原居民搬迁，但并不影响曼松贡茶在历史上的知名度。将“曼松”使用在“茶；茶叶代用品；冰茶；茶饮料”商品上，属于对茶叶品种、产地等特点的直接描述，不具备显著性。云南某茶业公司提交的证据亦不足以证明诉争商标经使用已与其产生一一对应关系，从而可以区分来源。故诉争商标的注册违反了2001年《商标法》第11条第1款第2项的规定，判决驳回云南某茶业公司的诉讼请求。

云南某茶业公司仍不服，上诉至北京市高级人民法院。北京市高级人民法院认为，审查诉争商标是否具有显著特征，应当根据商标所指定使用商品的相关公众的通常认识，判断该商标整体上是否具有显著特征。商标标志中含有描述性要素，但不影响其整体具有显著特征的，或者描述性标志以独特方式加以表现，相关公众能够以其识别商品来源的，应当认定其具有显著特征。审查判断诉争商标是否具有显著特征，一般以商标申请日时的事实状态为准。核准注册时事实状态发生变化的，以核准注册时的事实状态判断其是否具有显著特征。

根据相关公众的通常认识，作为茶叶的品种名称，只有普洱茶、乌龙茶、黑茶、白茶等，曼松茶本质上是对曼松王子山茶、背阴山茶的简略称呼，即使历史上曼松曾以倚邦茶山脉的“贡茶”产地所记载，但以现在的相关公众通常认知，并佐以各行业协会及研究会出具的说明，曼松茶尚不足以认定为茶叶的品种名称。故一审判决认定“曼松”使用在“茶；茶叶代用品；冰茶；茶饮料”商品上属于对茶叶品种的直接描述有误，应予纠正。

根据在案事实，在诉争商标申请日前，尤其是云南某茶业公司在2007年投资开发王子山和背阴山之前，曼松仅为一个村落名称，并不是相关公众熟知的茶叶产地，相关史料记载仅为沉睡的历史文化，在无曼松茶实际产品推向市场并广泛流通的情况下，相关公众亦不会当然地将曼松自然村识别为茶叶产地。

云南某茶业公司于2007年承包王子山、背阴山后，建立茶园，重新在当地开始茶叶种植和生产，并推动政府对于王子山、背阴山的古树进行保护，带动当地经济的发展。在此背景下，诉争商标得以申请注册，并经过云南某茶业公司的大力推广和宣传，为社会公众所接受和知晓，继而成为云南普洱的又一山头茶。可见，先有诉争商标进行使用，才有相关公众对曼松茶的产地认知，再有曼松茶的来源识别。因此，以诉争商标申请注册日为判断标准，“曼松”商标使用在“茶；茶叶代用品；冰茶；茶饮料”商品上，尚不足以被相关公众认知为茶叶产地等特点的直接描述。一审判决相关认定有误，应予纠正。

本案中，诉争商标的注册和使用，赋予了“曼松”除村落以外的第二含义，即表征特定茶叶的品质和来源，该含义有别于地名，并指向云南某茶业公司。因此，一审判决和被诉裁定认定诉争商标在“茶；茶叶代用品；冰茶；茶饮料”商品上的注册违反2001年《商标法》第11条第1款第2项规定的结论是错误的。

与“曼松”茶不同，杭州娃哈哈集团有限公司原来所拥有的第11490553号“龍井”商标，则被实实在在地宣告无效，杭州娃哈哈集团有限公司将官司打到二审也没有翻盘。法院认为，“龍井”虽为“龙井”的繁体字形式，但“龙井”是一种绿茶的名称，将“龍井”使用在“苏打水、无酒精饮料、汽水、果昔、植物饮料、豆类饮料、饮料香精”等商品上，易使相关公众认为其系对上述商品主要原料、口味等特点的描述，使用在"水（饮料）、矿泉水（饮料）"等商品上，易使相关公众认为其系对上述商品用途等特点的描述，难以起到区分商品来源的作用[①]。

（二）不得损害在先权利

所谓在先权利，是指他人在诉争商标申请日之前享有的民事权利或者其他应予保护的合法权益，包括但不限于著作权[②]、作品中的角色名称权益[③]、外观设计专利权、肖像权、姓名权[④]（包括户籍登记的姓名、笔名、艺名、译名、绰号、别名、网名等）、字号权[⑤]（包括事业单位及其他组织的名称、个人合伙及个体工商户的字号）、地理标志[⑥]、驰名商标[⑦]、有一定影响的未注册商标[⑧]、有一定影响的商品名称、包装、装潢等。损害这些在先权利的情形，以及抢注被代理人、被代表人或其他商业伙伴在先使用商标的情形[⑨]，与已注册、初步审定或在先申请的商标混淆的情形[⑩]，就算已经注册，在先权利人或者利害关系人也可以自该商标注册之日起 5 年内请求商标评审委员会宣告其无效[⑪]。

---

① 一审：北京知识产权法院行政判决书，（2016）京 73 行初 2728 号；二审：北京市高级人民法院行政判决书，（2019）京行终 3411 号。

② 《最高人民法院关于审理商标授权确权行政案件若干问题的规定》（2020 年修正）（法释〔2020〕19 号）第 19 条。

③ 《最高人民法院关于审理商标授权确权行政案件若干问题的规定》（2020 年修正）（法释〔2020〕19 号）第 22 条。

④ 《最高人民法院关于审理商标授权确权行政案件若干问题的规定》（2020 年修正）（法释〔2020〕19 号）第 20 条。

⑤ 《最高人民法院关于审理商标授权确权行政案件若干问题的规定》（2020 年修正）（法释〔2020〕19 号）第 21 条。

⑥ 《商标法》第 16 条第 1 款。

⑦ 《商标法》第 13 条第 2 款、第 3 款。

⑧ 《商标法》第 32 条。

⑨ 《商标法》第 15 条。

⑩ 《商标法》第 30 条、第 31 条。

⑪ 《商标法》第 45 条第 1 款。

注册商标的无效具有追溯力，一旦宣告无效，则自注册之日起就无效。所以，食品企业在设计商标的时候，应当事先做好全面的权利检索，以避开可能的在先权利。[①]

案例3.2 南北“葫芦娃”打架[②]

上海美影公司于1986年摄制完成并陆续推出动画片《葫芦兄弟》，之后还推出了电影，并通过电视台、电影院、光盘等形式进行了播映、放映和发行，在全国范围内进行了持续传播，并获得若干荣誉。

“葫芦娃一家人”商标（即诉争商标）由哈尔滨某公司提出注册申请，并于2015年2月21日被核准注册，核定使用服务为第43类的“备办宴席；餐厅”等。2018年4月12日，上海美影公司对诉争商标提出无效宣告。2019年4月26日，商标评审委员会作出商评字〔2019〕第88612号《关于第13695541号“葫芦娃一家人”商标无效宣告请求裁定书》（即被诉裁定），认为诉争商标在餐厅等服务上的注册使用并不易使一般公众将服务的提供者与上海美影公司相联系，从而对服务的来源产生混淆和误认，损害上海美影公司就“葫芦娃”角色名称所享有的合法权益。因此，诉争商标的注册未损害上海美影公司的在先角色名称权益，裁定维持诉争商标。上海美影公司不服，向北京知识产权法院提起行政诉讼。

北京知识产权法院认为，动画片《葫芦兄弟》目前仍在著作权保护期内。现有证据证明，“葫芦兄弟”角色具有较高的知名度，与

---

① 除请求宣告无效外，权利人还可以同时提起诉讼，详见《最高人民法院关于审理注册商标、企业名称与在先权利冲突的民事纠纷案件若干问题的规定》（2020年修正）（法释〔2020〕19号）。

② 一审：北京知识产权法院行政判决书，（2019）京73行初8016号；二审：北京市高级人民法院行政判决书，（2020）京行终2500号。

影片建立了直接且明确的对应关系。如果将其作为商标使用在相关商品上，容易导致相关公众误认为其经过权利人的许可或者与权利人存在特定联系，故“葫芦娃”的角色名称构成相关司法解释中所指的在先权益。诉争商标将“葫芦娃”与“一家人”组合在一起，与“葫芦娃”角色名称近似。由于当前开设以动画、动漫、童话故事名称、角色名称为设计风格，营造就餐氛围的主题餐厅较为流行，已成为相关公众认可的商业模式，诉争商标申请注册在餐厅、餐馆等服务上，容易使相关公众误认为其服务来源于“葫芦娃”角色名称的权利人或与其具有特定联系，进而产生混淆误认。不仅如此，考虑到哈尔滨某公司还在餐厅、餐馆等服务上申请注册了多件“金刚葫芦娃”文字、“葫芦娃”图形商标，可以认定诉争商标的申请注册不正当地利用了上海美影公司基于对“葫芦娃”角色名称所应当享有的商业价值和交易机会，诉争商标的申请注册损害了上海美影公司对“葫芦娃”的角色名称权益，构成2014年《商标法》第32条所指的“申请商标注册不得损害他人现有的在先权利”情形，应予无效宣告。

国家知识产权局和哈尔滨某公司均不服一审判决，向北京市高级人民法院提起上诉。北京市高级人民法院最终维持了一审判决。

（三）商标的注册布局

申请注册的商标应当按照规定的商品分类表填报使用该商标的商品类别和商品名称，我国目前采用的是《商标注册用商品和服务国际分类表》，即《尼斯协定》。目前，尼斯分类有45类，包括34类商品和11类服务。就品牌保护的角度而言，除了核心的商品类别，食品企业可以考虑就相关类别申请注册同一商标，以形成自己的商标矩阵。食品行业的商标保护矩阵可由三部分组成，即核心类别、辅助类别和防御类别。

1. 核心类别

该类别即各类食品，基本上可以与《食品生产许可分类目录》中的食品分类相对应，包括第 29 类（肉，鱼，家禽和野味；肉汁；腌渍、冷冻、干制及煮熟的水果和蔬菜；果冻，果酱，蜜饯；蛋；奶和奶制品；食用油和油脂）、第 30 类（咖啡，茶，可可和咖啡代用品；米；食用淀粉和西米；面粉和谷类制品；面包、糕点和甜食；冰制食品；糖，蜂蜜，糖浆；鲜酵母，发酵粉；食盐；芥末；醋，沙司；辛香料；饮用冰）、第 31 类（谷物和不属别类的农业、园艺、林业产品；活动物；新鲜水果和蔬菜；种籽；草木和花卉；动物饲料；麦芽）、第 32 类（啤酒；矿泉水和汽水以及其他不含酒精的饮料；水果饮料及果汁；糖浆及其他制饮料用的制剂）、第 33 类（含酒精的饮料，啤酒除外），以及第 5 类的医用营养品、人用膳食补充剂、婴儿食品。

2. 辅助类别

该类别主要是食品企业运营所需，注册后可与核心类别发挥协同作用，比如第 35 类的广告、替他人推销、零售或批发服务，第 39 类的运输、商品包装和贮藏，第 40 类的食物、饮料加工服务，第 42 类的提供研究和开发服务、计算机软件的设计与开发，第 43 类的提供餐饮等。

3. 防御类别

该类别大多是食品相关产品，主要是为了防止商标所蕴含的商业价值被他人分享和侵蚀，比如第 1 类的保存食品用化学品，第 2 类的食品着色剂，第 3 类的清洁、去渍用制剂，第 7 类的食品业用机械及部件，第 8 类的餐具刀、叉、匙，第 10 类的奶嘴、奶瓶，第 11 类的烹调及民用电气加热设备，第 16 类的包装用塑料物品，第 20 类的食品用塑料装饰品，第 21 类的茶具、酒具、咖啡具及饮水用具、隔热用具，第 24 类的桌布等。

我国的商标注册实行以申请在先原则为主、以使用在先原则为辅的审核制度。我国《商标法》第31条规定："两个或者两个以上的商标注册申请人，在同一种商品或者类似商品上，以相同或者近似的商标申请注册的，初步审定并公告申请在先的商标；同一天申请的，初步审定并公告使用在先的商标，驳回其他人的申请，不予公告。"这提示食品企业，商标设计完成之后应投入使用、保留使用的证据（主要是使用日期），并尽快提交注册申请。

二、商标权的使用、保护与限制

（一）商标权的使用

商标核准注册之后，便取得注册商标专用权，该专用权以核准注册的商标和核定使用的商品为限。也就是说，商标注册人在使用注册商标的过程中，不得自行改变注册商标、注册人名义、地址或者其他注册事项，也不能在核定的商品范围之外使用注册商标。如果实际在核定的商品范围之外使用了注册商标，法律上视之为未注册商标。

《商标法》上所称的商标的使用，是指将商标用于商品、商品包装或者容器以及商品交易文书上，或者将商标用于广告宣传、展览以及其他商业活动中，用于识别商品来源的行为。[①] 比如，采取直接贴附、刻印、烙印或者编织等方式将商标附着在商品、商品包装、容器、标签等上，或者使用在商品附加标牌、产品说明书、介绍手册、价目表、销售合同、发票、票据、收据、商品进出口检验检疫证明、报关单据等上；又如，使用在广播、电视、电影、互联网等媒体中，或者使用在公开发行的出版物上，或者使用在广告牌、邮寄广告或者其他广告载体上，以及使用在网站、即时通信工具、社

---

① 《商标法》第48条。

交网络平台、应用程序等载体上等。[①]

注册商标专用权作为一种财产权，商标注册人可以自行使用，也可以许可他人使用。商标的使用许可分为独占使用许可、排他使用许可和普通使用许可三类。独占使用许可，是指商标注册人在约定的期间、地域和以约定的方式，将该注册商标仅许可一个被许可人使用，商标注册人依约定不得使用该注册商标，也不得另行许可他人使用该注册商标。排他使用许可，是指商标注册人在约定的期间、地域和以约定的方式，将该注册商标仅许可一个被许可人使用，商标注册人依约定可以使用该注册商标但不得另行许可他人使用该注册商标。普通使用许可，是指商标注册人在约定的期间、地域和以约定的方式，许可他人使用其注册商标，并可自行使用该注册商标和许可他人使用其注册商标。[②]

无论哪种许可类型，都应签订商标使用许可合同，明确双方的权利义务，而且至少要包括许可使用的商标及其注册证号、许可使用的商品范围、许可使用期限、许可使用地域、许可使用费、许可使用商标的标识提供方式、许可人对被许可人使用其注册商标的商品质量进行监督的条款、在使用许可人注册商标的商品上标明被许可人名称和商品产地的条款以及合同到期后未售出商品的处置方式等[③]。其中，许可人对商品质量的“监督”是其核心义务（同时也是权利），被许可人对商品质量的“保证”是其核心义务。商标使用许可合同应向商标局备案，未经备案不得对抗善意第三人。[④] 商标使用许可合同未经备案的，不影响许可合同的效力，除非双方另有

---

① 《国家知识产权局关于印发〈商标侵权判断标准〉的通知》（国知发保字〔2020〕23 号）第 4 条、第 6 条。

② 《最高人民法院关于审理商标民事纠纷案件适用法律若干问题的解释》（2020 年修正）（法释〔2020〕19 号）第 3 条。

③ 《商标使用许可合同备案办法》（商标〔1997〕39 号）第 6 条。

④ 《商标法》第 43 条。

约定。而且注册商标的转让不影响转让前已经生效的商标使用许可合同的效力，除非双方另有约定。[①] 在商标注册人通过被许可人许可第三方使用其注册商标的情况下，商标使用许可合同中还应当包括允许被许可人许可第三方使用的内容或者出具相应的授权书。[②]

许可使用费是商标使用许可合同的重要条款。许可使用费的付款模式一般有固定模式和浮动模式两种。固定模式下，可以一次性付款，也可以分期付款，在此模式下，许可备案程序的完成通常会作为一个付款的时间节点。浮动模式下，许可使用费或者以一定期限内的销售额乘以一定比例计算，或者以一定期限内使用商标的数量乘以一定利润额计算。两种模式也可以混搭，比如规定某种浮动计算方法，并加入最低固定费用条款。各种付款模式并无优劣之分，但浮动模式下的合同条款稍显复杂，因为需要明确被许可人定期提交生产销售数据的义务，以及许可人查询相关数据的权利，并规定被许可人数据造假的违约责任。

在发生注册商标专用权被侵害时，独占使用许可的被许可人可以单独起诉，排他使用许可的被许可人可以和商标注册人共同起诉，也可以在商标注册人不起诉的情况下，自行提起诉讼，而普通使用许可的被许可人经商标注册人明确授权才可以起诉。[③] 此时，商标注册人和被许可人的利益其实是一致的。

商标权的利用方式还包括转让和质押。转让注册商标的，转让人和受让人应当签订转让协议，并共同向商标局提出申请。受让人应当保证使用该注册商标的商品质量。转让注册商标的，商标注册人对其在同一种商品上注册的近似的商标，或者在类似商品上注册

---

① 《最高人民法院关于审理商标民事纠纷案件适用法律若干问题的解释》（2020 年修正）（法释〔2020〕19 号）第 19 条、第 20 条。

② 《商标使用许可合同备案办法》（商标〔1997〕39 号）第 8 条。

③ 《最高人民法院关于审理商标民事纠纷案件适用法律若干问题的解释》（2020 年修正）（法释〔2020〕19 号）第 4 条第 2 款。

的相同或者近似的商标，应当一并转让。[①] 以注册商标专用权出质的，出质人与质权人应当订立书面合同，并共同向国家知识产权局办理质权登记。办理注册商标专用权质权登记，出质人也应当在相同或者类似商品/服务上注册的相同或者近似商标一并办理质权登记。[②]

在商标的使用过程中，应谨防该商标退化成为其核定使用商品的通用名称，否则，任何单位或者个人可以向商标局申请撤销该商标。[③] 商标退化有时是因为使用不当，比如深圳市朗科科技股份有限公司的“优盘”商标退化为计算机存储器的通用名称，就是由于使用不当，其将“优盘”作为商品名称进行使用，还在有关宣传材料中称“优盘，新一代存储盘”。而德国制药巨头拜耳公司的“吗啡”和“阿司匹林”商标分别退化为麻醉品与镇痛药的通用名称，则是由于这两个产品太过优秀。所以，食品企业应规范使用商标，避免将商标作为商品名称。同时，可通过广告等宣传媒介宣示商标专用权，建立企业与商标之间更紧密的联系，比如，“JEEP”商标一度被淡化为轻型越野车的通用名称，但是其权利人通过“不是所有的吉普都是 JEEP®”这样的广告语来明确商标的指示功能，清楚地说明了 JEEP 作为一个品牌的独立性，使之仍然保持指示商品来源的功能。此外，竞争对手的恶意淡化也是商标通用名称化的一个因素。同行业的竞争者出于“傍名牌”“搭便车”的意图，会故意将竞争对手的知名商标作为商品通用名称来使用，商标权利人发现之后应积极维权，否则该商标作为通用名称使用的情况会越来越普遍。

---

① 《商标法》第 42 条。

② 《注册商标专用权质押登记程序规定》（国家知识产权局公告第 358 号）第 2 条、第 3 条。

③ 《商标法》第 49 条第 2 款。

案例3.3　“十万个为什么”是商品通用名称吗①

原告上海某出版社诉称，《十万个为什么》是原告1961年首次出版并延续至今的系列儿童科普图书，具有很高的知名度。原告于2017年6月获准注册图文商标“十万个为什么”，核定使用商品为第16类书籍、印刷出版物等。原告发现被告某书店销售被告四川某出版社出版的图书《十万个为什么》，此外，被告四川某出版社还出版了多款《十万个为什么》图书，并在网上公开销售。这些图书不仅在封面等位置突出使用“十万个为什么”字样，而且在前言中声称是《十万个为什么》的升级版。

原告认为，被告四川某出版社侵害了其商标专用权，关于“十万个为什么的升级版”亦构成虚假宣传，请求判令两被告立即停止商标侵权及不正当竞争行为，并要求被告四川某出版社赔偿经济损失及相关维权合理费用。被告四川某出版社抗辩称，“十万个为什么”是科普类图书的通用名称，不具有显著性，案涉图书的使用系描述性使用，而非商标性使用。

一审法院认为，法定的商品通用名称即法律规定或者国家标准、行业标准等规范性文件确定的通用名称，例如VCD、DVD等，“十万个为什么”并不在列。此外，约定俗成的通用名称一般以全国范围内相关公众的通常认识为判断标准。问答式科普读物客观上并未形成统一名称的市场格局，“十万个为什么”获准注册为商标，具有一定显著性，可以区分商品来源，且并未在使用中退化为通用名称。被告四川某出版社在出版图书显著位置标识“十万个为什么”，激活了该商标的识别功能，属于商标法意义上的商标使用，系侵权行为。被告四川某出版社、被告某书店均构成商标侵权。被告四川某出版

① 一审：上海市普陀区人民法院民事判决书，（2020）沪0107民初2585号；二审：上海知识产权法院民事判决书，（2021）沪73民终600号。

社还构成虚假宣传的不正当竞争。被告四川某出版社不服，上诉至二审法院，二审法院维持一审判决。

（二）商标权的保护

对商标权最有力的保护方式就是打击商标侵权。侵犯注册商标专用权的行为可以分为六类：

一是使用侵权，包括在同一种商品上使用与注册商标相同的商标、在同一种商品上使用与注册商标近似的商标、在类似商品上使用与注册商标相同的商标、在类似商品上使用与注册商标近似的商标①以及在同一种商品或者类似商品上将与他人注册商标相同或者近似的标志作为商品名称或者商品装潢使用② 5 种情形。实施第一种行为（即同种商品、相同商标）情节严重的，构成假冒注册商标罪。③而商标相同是指两个商标在视觉上基本无差别，商标近似是指两个商标在文字的字形、读音、含义或者图形的构图及颜色，或者各要素组合后的整体结构相似，或者其立体形状、颜色组合近似，容易使相关公众对商品来源产生误认或混淆。在实践中，认定商标相同或者近似主要以相关公众的一般注意力为标准，在两个商标隔离的状态下分别进行整体比对和主要部分的比对④。

二是销售侵权，也就是销售侵犯注册商标专用权的商品，但销售不知道是侵犯注册商标专用权的商品，能证明该商品是自己合法取得并说明提供者的，不承担赔偿责任⑤。可以看出，构成销售侵权不以主观过错为要件，但承担销售侵权的赔偿责任需要以具有主观

---

① 《商标法》第 57 条第 1 项、第 2 项。

② 《商标法实施条例》第 76 条。

③ 《刑法》第 213 条。

④ 《最高人民法院关于审理商标民事纠纷案件适用法律若干问题的解释》（2020 年修正）（法释〔2020〕19 号）第 9 条、第 10 条。

⑤ 《商标法》第 57 条第 3 项、第 64 条第 2 款。

过错为前提，即明知或应知。至于如何认定销售者的明知或应知，则采用过错推定的方式，也就是由销售者来证明自己不知道或不应当知道。但同时，监管部门对此也有一套认定标准。《商标侵权判断标准》第27条规定了5种可以判定销售者“明知”或“应知”的情况，包括：（1）进货渠道不符合商业惯例，且价格明显低于市场价格的；（2）拒不提供账目、销售记录等会计凭证，或者会计凭证弄虚作假的；（3）案发后转移、销毁物证，或者提供虚假证明、虚假情况的；（4）类似违法情形受到处理后再犯的；（5）其他可以认定当事人明知或者应知的。此外，销售明知是假冒注册商标的商品，违法所得数额较大或者有其他严重情节的，构成销售假冒注册商标的商品罪。[①]

三是标识侵权，也就是伪造、擅自制造他人注册商标标识或者销售伪造、擅自制造的注册商标标识。[②] 商标标识的印刷是《印刷业管理条例》（2020年修订）所称的包装装潢印刷活动之一，应当取得印刷经营许可证。商标印制单位印制注册商标，必须有商标注册人或商标许可使用合同被许可人的委托授权并查验相关证明文件。实施该行为情节严重的，构成非法制造、销售非法制造的注册商标标识罪。[③]

四是反向假冒，也就是未经商标注册人同意，将其注册商标更换为自己的商标并将该更换商标的商品又投入市场[④]。前述第一种使用侵权行为的本质是把自己的产品伪装成别人的产品，而反向假冒行为的本质是把别人的产品伪装成自己的产品。在使用侵权的情况下，消费者买到的是侵权人的产品，其质量一般较差，因为正是由

---

① 《刑法》第214条。
② 《商标法》第57条第4项。
③ 《刑法》第215条。
④ 《商标法》第57条第5项。

于侵权人的产品品质不如被侵权的目标产品，所以侵权人才要假冒目标产品的注册商标以骗取消费者购买，让消费者以为是目标产品，结果用下来跟印象中的目标产品不一样，如此便使凝结在目标产品注册商标中的商誉受损。而在反向假冒的情况下，消费者以为买到的是侵权人的产品，但其实是被侵权的目标产品，给消费者造成“被侵权人的产品品质优良”的假象，不仅破坏了目标产品与其注册商标之间的关联，更是不当攫取了商标注册人为提升产品品质所付出的努力。

五是帮助侵权，也就是故意为侵犯他人商标专用权行为提供便利条件，帮助他人实施侵犯商标专用权，[①] 这些便利条件包括仓储、运输、邮寄、印制、隐匿、经营场所、网络商品交易平台等。[②]

六是其他侵权行为，包括将与他人注册商标相同或者相近似的文字作为企业的字号在相同或者类似商品上突出使用（商标字号化），将与他人注册商标相同或者相近似的文字注册为域名，并且通过该域名进行相关商品交易（商标域名化），复制、模仿、翻译他人注册的驰名商标或其主要部分在不相同或者不相类似商品上作为商标使用，误导公众，致使该驰名商标注册人的利益可能受到损害的行为（淡化与玷污）等。[③] 值得注意的是，商标字号化强调的是“突出使用”，假如擅自将与他人注册商标相同或者相近似的文字登记为企业字号，但在经营活动中没有进行突出使用，一般会认定为不正当竞争行为。

---

① 《商标法》第 57 条第 6 项。

② 《商标法实施条例》第 75 条。

③ 《最高人民法院关于审理商标民事纠纷案件适用法律若干问题的解释》（2020 年修正）（法释〔2020〕19 号）第 1 条第 1 项，《最高人民法院关于审理涉及驰名商标保护的民事纠纷案件应用法律若干问题的解释》（2020 年修正）（法释〔2020〕19 号）第 9 条。

案例3.4　兰州佛慈诉西安佛慈不正当竞争纠纷案①

兰州佛慈制药股份有限公司的前身是1929年成立于上海的“上海佛慈大药厂股份有限公司”（1956年迁至兰州）。兰州佛慈公司的主要经营范围为：中成药、西药、中药饮片及包装品的生产、批发零售；中药材种植、收购、加工、销售；医疗器械的研发、生产及销售；口罩、防护服的生产和销售等。其第832016号“佛慈”商标于1996年4月21日获得注册。西安佛慈制药有限公司成立于2006年9月8日，主要经营范围为：卫生用品；制药技术、中药材种植、保健食品、消毒用品的研究、技术开发、技术咨询及技术转让；卫生用品、保健用品、化妆品的研发、技术咨询及销售。兰州佛慈公司认为，西安佛慈公司使用“佛慈”字号，对兰州佛慈公司的“佛慈”注册商标构成侵权，也对兰州佛慈公司在先使用的企业名称构成侵权。

法院认为，西安佛慈公司在其产品包装上虽标注有“西安佛慈制药有限公司”字样，但其所使用字体均匀一致，系用于对产品生产企业真实名称的示明，并未对“佛慈”一词进行突出使用。西安佛慈公司突出使用的是其自有的“添健”商标，不会与“佛慈”商标构成混淆。故西安佛慈公司并无对兰州佛慈公司“佛慈”注册商标专用权的侵害行为。

但是，西安佛慈公司在2006年成立之时，兰州佛慈公司将“佛慈”作为主要辨识部分用于企业字号已有70多年，“佛慈”商标获得注册并使用也有10年。西安佛慈公司与兰州佛慈公司的生产经营领域高度重合，西安佛慈公司无论是在业务领域还是在地理位置、时间间隔上，均具备能够对兰州佛慈公司产生了解或发生接触的客

---

① 陕西省西安市中级人民法院民事判决书，（2020）陕01知民初892号。

观条件。同时，“佛慈”一词并非汉语固有词汇，具备较高的独创性和区分度，可以认定西安佛慈公司在登记注册时，存在擅自使用兰州佛慈公司具有一定影响力的企业名称及注册商标的行为。西安佛慈公司对“佛慈”字号的使用会导致相关消费者误认为西安佛慈公司是兰州佛慈公司的西安本地关联企业，或存在其他特定联系，从而导致对兰州佛慈公司和西安佛慈公司之间的关系发生混淆。西安佛慈公司的行为构成对兰州佛慈公司的不正当竞争，应承担相应的民事责任。

无论遭遇哪种商标侵权行为，食品企业都可以先礼后兵，首先发函给侵权人，要求停止侵权并赔偿损失。协商不成的，再向法院起诉，或者向市场监管部门举报。如果市场监管部门调解不成或者达成调解协议后对方不履行，仍然可以向法院起诉。请求司法救济的优点在于可以申请诉前禁令和证据保全，这对于后续的侵权事实认定和赔偿数额计算都比较有利。

（三）商标权的限制

任何权利都有限制，商标权也不例外。对商标权的限制主要有描述性使用、指示性使用、商标权用尽、比较广告、在先使用、新闻报道及评论等。

1. 描述性使用

描述性使用主要针对的是描述性商标。《商标法》第 59 条第 1 款规定：“注册商标中含有的本商品的通用名称、图形、型号，或者直接表示商品的质量、主要原料、功能、用途、重量、数量及其他特点，或者含有的地名，注册商标专用权人无权禁止他人正当使用。”之所以这样规定，是由于描述性商标先天不足，因为虽然构成描述性商标的词汇经过使用产生了“第二含义”，但其“第一含义”

并未消失，也就不可避免地被他人在原有意义上使用，以说明本商品的型号、质量、主要原料、功能、用途、重量、数量及其他特点等。当然，他人在描述性使用的时候，必须出于善意，并同时标识自己的商标[①]。

2. 指示性使用

指示性使用是指为了指明商品来源而使用他人的商标，常见于售后服务领域。《国家工商行政管理局关于禁止汽车零部件销售商店、汽车维修站点擅自使用他人注册商标的通知》（工商标字〔1995〕第195号）指出，未经商标注册人许可，禁止汽车零部件销售商店和汽车维修站点，将中外汽车企业的注册商标作为招牌使用。汽车零部件销售商店和汽车维修站点，为了说明本店经营汽车零部件品种及提供服务的范围，应直接使用叙述性的文字，如“本店销售×××汽车零部件”“本店维修×××汽车”等字样，其字体应一致，不得突出其中的文字商标部分，也不得使用他人的图形商标或者单独使用他人的文字商标。虽然该通知已被《关于废止有关工商行政管理规章、规范性文件的决定》（工商法字〔2004〕第98号）废止，但对于商标指示性使用的判断和规范仍具有一定的指导意义。

3. 商标权用尽

商标权用尽是指带有商标的商品经商标权主体（商标权所有人和被许可人等）以合法的方式销售或转让后，该主体对该商品上的商标权即告穷竭，无权禁止他人再行销售该商品或直接使用。如果没有这种限制，商标权人很可能滥用权利，比如始终控制商品的分销渠道，阻碍商品的自由流通，这明显违背了社会公共利益。当然，

① 同理，三维标志注册商标中含有的商品自身的性质产生的形状、为获得技术效果而需有的商品形状或者使商品具有实质性价值的形状，注册商标专用权人无权禁止他人正当使用。

商标权用尽原则也有例外，也就是使用人不能对商品进行任何形式的改变，不能影响商标保证品质和承载信誉的功能，否则，商标权主体有权进行干涉。

案例 3.5 擅自分装销售“不二家”糖果构成商标侵权①

杭州某食品公司是“不二家”系列商标在中国范围内唯一的被许可使用人，有权以自己的名义对浙江省内各个地区销售点及包材供应商存在的侵害“不二家”系列商标权利的行为进行维权。案涉商标经过杭州某食品公司的长期经营、使用以及宣传，已经具有一定的知名度和影响力。杭州某食品公司认为，钱某未经权利人许可，在其经营的淘宝网店上销售擅自使用了与“不二家”系列商标相同及近似商标的糖果，侵犯了杭州某食品公司享有的商标专用权。

钱某认为，其从上家购得正品“不二家”散装糖果，又从别处购得标有“不二家”商标的三种小规格包装盒，然后将正品“不二家”散装糖果分别组装成三类小规格盒装糖果进行销售，其如实告知消费者该商品是“不二家”的糖果，其对“不二家”商标的使用是指示性合理使用，不构成侵权。

法院认为，商标具有识别商品来源的基本功能，也具有质量保障、信誉承载等衍生功能。对于商标的侵权足以达到损害其功能的程度时，无论是否具有市场混淆的后果，均可以认定构成商标侵权行为。本案中，虽然钱某分装、销售的三种规格案涉产品中的糖果确系来源于“不二家”公司，且其三种规格产品的外包装上也附着

---

① 杭州市余杭区人民法院民事判决书，（2015）杭余知初字第416号。类似案例还有克鲁勃润滑油（上海）有限公司与上海信裕润滑技术有限公司等侵害商标权纠纷案。该案一审为上海市浦东新区人民法院，案号：（2020）沪0115民初26507号；二审为上海知识产权法院，案号：（2021）沪73民终596号。两审法院均认定，将大罐正品克鲁勃润滑油分装入小罐中，并贴附自行委托制作的注册商标标识，侵犯了权利人的注册商标专用权。

了与案涉商标相同或相近似的标识，从相关公众的角度来看，并未产生商品来源混淆的后果。但是，商品的外包装除了发挥保护与盛载商品的基本功能外，还具有美化商品、提升商品价值等重要功能，而“不二家”公司并未生产过该三种包装的产品，钱某未经“不二家”公司许可擅自将“不二家”公司的商品分装到不同包装盒，且这些包装盒与“不二家”公司对包装盒的要求有明显差异，钱某的行为不仅不能达到美化商品、提升商品价值的作用，反而会降低相关公众对案涉商标所指向商品的信誉，从而损害案涉商标的信誉承载功能，属于法律规定的“给他人的注册商标专用权造成其他损害的行为”，构成商标侵权。

4. 比较广告

比较广告是指广告主在广告中将自己的产品与他人的产品进行对比，以突出自己产品的某些特点。既然要进行对比，那就难免在广告中出现他人产品的商标。在一般情况下，在比较广告中使用他人商标不会造成来源混淆，因为广告主往往会突出使用自己的商标，这是其发布比较广告的目的。但比较广告的对比内容必须客观、真实、全面，对他人商标的使用方式应合理，不得造成他人商业信誉和商品声誉的贬损。

5. 在先使用

如果商标注册人在申请商标注册前，他人已经在同一种商品或者类似商品上先于商标注册人使用与注册商标相同或者近似并有一定影响的商标，那么，注册商标专用权人无权禁止他人在原使用范围内继续使用其在先商标，但注册商标专用权人可以要求他人附加适当区别标识。[①] 在先使用人应有相关证据材料以证明其在先使用以

---

① 《商标法》第 59 条第 3 款。

及证明其商标具有一定影响。

6. 新闻报道及评论

新闻自由是现代商业社会的基本原则，如果在新闻报道及评论中不可避免地要提及某一商标，就算是批评，只要不夹带私货（以新闻评论为名行为竞品站台之实），商标权人都应容忍。当然，如果新闻报道严重失实，有可能构成侵犯名誉权，商标权人可以依法维权。

三、商品包装、装潢的保护

商品包装、装潢，是指根据商品特性和销售对象，设计包装容器的造型结构、外表画面及文字说明，对商品进行合理的包装并加以装饰和美化，以促进商品的销售并便于商品的运输存储、陈列展销、使用携带等。包装上除了食品标签和商标外，一般还有广告宣传语和图画等。包装、装潢的设计也要注意避免侵犯在先权利，比如商标权、著作权、姓名权、肖像权、外观设计专利权、他人有一定影响的商品名称、包装、装潢等。此外，食品的包装不应与日用品的包装相混淆，比如曾经走红的“洗衣液奶茶”，由于其外包装造型与洗衣液相似，虽收获了一波流量，但更多的是批评和质疑，因为容易导致儿童误食真正的日用品，而且涉嫌违反我国《产品质量法》的相关规定。[①]

案例 3. 6 食品包装上的字体也会侵权[②]

2000 年 7 月 7 日，北京某电子公司创作完成方正粗倩体，并于

① 《产品质量法》第 27 条第 1 款第 5 项规定：“产品或者其包装上的标识必须真实，并符合下列要求：……（七）使用不当，容易造成产品本身损坏或者可能危及人身、财产安全的产品，应当有警示标志或者中文警示说明。”

② 陕西省西安市碑林区人民法院民事判决书，（2019）陕 0103 民初 9179 号。

2000年8月31日在北京以美术作品的形式首次发表。2008年4月22日，该作品以美术作品的形式在国家版权局登记，作品登记号为2008－F－011015，作品类型为美术作品。2008年5月3日，北京某电子公司创作完成方正汉真广标简体，并于2009年6月30日在北京以美术作品的形式首次发表。2010年6月30日，该作品以美术作品的形式在国家版权局登记，作品登记号为2010－F－028704，作品类型为美术作品。北京某电子公司委托代理人在某超市购买了由西安某食品公司生产销售的“益佳”红枣片一盒，发现该商品的包装上印有“红枣片”及“馈赠佳品”字样，经与作品原稿中的“红”“枣”“片”“馈”“赠”“佳”“品”七个单字对比，两者字形、字体极为相似。北京某电子公司认为，西安某食品公司擅自制造、销售案涉产品的行为已经构成对其复制权的侵犯，要求停止侵权并赔偿损失。

法院认为，方正粗倩体系列中包含“红”“枣”“片”三个单字，方正汉真广标简体系列中包含“馈”“赠”“佳”“品”四个单字。该方正粗倩体系列与方正汉真广标简体系列，已经由中国版权保护中心审核以美术作品的形式对其著作权予以登记，其所登记的《方正粗倩体》《方正汉真广标简体》中的每一个单字均构成具有独创性的美术作品，又同时以足够多的单字的集合而形成具有共性的新的字体。据此，可以认定北京某电子公司享有美术作品“方正粗倩体”“方正汉真广标简体”中全部单字的著作权，其中包括“红”“枣”“片”“馈”“赠”“佳”“品”七个单字。

经当庭比对，案涉产品上“红”“枣”“片”“馈”“赠”“佳”“品”七个单字的字形、字体与美术作品“方正粗倩体”“方正汉真广标简体”中同字的字形、字体在视觉上基本无差别，两者构成实质相似。西安某食品公司未经北京某电子公司许可，在其生产的案涉产品包装上使用案涉七个单字，构成著作权法意义上的复制行为，侵犯了北京某电子公司对该七个单字享有的复制权，依法应承担停止侵权及赔偿损失的民事责任。

相应地，食品企业在保护自己的独创包装设计时，也可以采取多种方式，常见的如外观设计专利、著作权、立体商标等。外观设计，是指对产品的整体或者局部的形状、图案或者其结合以及色彩与形状、图案的结合所作出的富有美感并适于工业应用的新设计。[①] 外观设计专利通过初步审查即可授权，不进行实质审查，但要求在申请日之前没有公开使用或公开发表过，包括权利人自己的公开使用和发表。这与著作权不同，著作权是创作完成时自动获得，著作权登记更多的是起到一个证据的效力。除此之外，为了证明创作完成时间，还可以使用"时间戳"进行证据固定。立体商标的典型例子如可口可乐的玻璃瓶型，比起外观设计专利，立体商标需要通过实质审查，难度更大一些。当然，食品企业也可以主张自己商品的包装、装潢是有一定影响的商品包装、装潢，从而寻求《反不正当竞争法》的保护，此时主张权利人不必是全国范围内的绝对在先权利人，只要是相对在先权利人，也就是相对于被诉侵权人构成"在先使用"即可。

第二节　广告与宣传

商业广告是指商品经营者或者服务提供者通过一定媒介和形式

① 《专利法》第2条第4款。

直接或者间接地介绍自己所推销的商品或者服务的活动。[1] 商业宣传虽然目前没有法律法规对其内涵进行阐述，但市场监管总局2022年11月22日发布的《中华人民共和国反不正当竞争法（修订草案征求意见稿）》第9条第2款对“商业宣传”的外延进行了列示，主要包括通过经营场所、展览活动、网站、自媒体、电话、宣传单等方式对商品进行展示、演示、说明、解释、推介或者文字标注等不构成广告的商业宣传活动。[2] 无论如何定义，广告和宣传都是食品企业开拓市场的利器。但广告和宣传是有边界的，越界会给品牌带来负面影响，所谓“黑红”注定是难以持久的。[3]

一、广告宣传的边界之公序良俗

广告宣传符合公序良俗是食品企业首要考虑的问题，所谓站位不对，一切白费。此处的公序良俗是扩大化的解释，还包括政治和精神文明方面的要求。

1. 不得使用或者变相使用党、政、军的标识和名义，比如我国的国旗、国歌、国徽以及国家机关的名义（包括工青妇少等群团组织），军旗、军歌、军徽、中国人民解放军和武装警察部队的名义以及“军需”“军服”“军品”等用语，中国共产党党旗、党徽及其图

---

① 《广告法》第2条第1款。此处所谓的“一定媒介”还应包括商品包装。《国家工商行政管理局关于在产品包装物上宣传、介绍产品是否属于广告问题的答复》（工商广字〔1996〕319号）规定，在包装物上直接或者间接宣传、介绍产品，是广告的一种形式。《国家工商行政管理总局关于商品包装物广告监管有关问题的通知》（工商广字〔2005〕173号）规定，商品包装中，除该类商品国家标准要求必须标注的事项以外的文字、图形、画面等，符合商业广告特征的，可以适用《广告法》规定进行规范和监管。这两个文件虽已废止，但其规定精神仍可作为界定包装物广告的参考。

② 《上海市反不正当竞争条例》（2020年修订）第10条第2款对“商业宣传”外延的列示更加详细，但本质上与此相同。

③ 有的食品连广告都不让做，比如《国家发展改革委、工业和信息化部、农业农村部、卫生健康委、市场监管总局、商务部、海关总署关于印发〈国产婴幼儿配方乳粉提升行动方案〉的通知》（发改农经〔2019〕900号）就规定，不得对0～12个月龄婴儿食用的婴儿配方乳制品进行广告宣传。

案，共和国勋章、七一勋章、八一勋章和友谊勋章，国家荣誉称号奖章和党中央、国务院、中央军委单独或者联合授予荣誉称号的奖章、国家级表彰奖励奖章、纪念章，各地区各部门颁发的省部级表彰奖励奖章、纪念章，以及党和政府重大庆祝活动标识、庆祝活动宣传报道等。[①] 以上这些如果用在广告中将有损党和国家的尊严，因为“公器不可私用”。

2. 不得使用或者变相使用国家机关工作人员的名义或者形象（包括领导人讲话等），不得使用或者变相使用革命领袖的名义、形象、声音、名言、字体等，不得使用或者变相使用英雄烈士的姓名、肖像。变相使用的方式如饰演上述人物的形象或近似形象。[②] 这些人物有的关乎国家机关的形象，有的已成为我们国家和民族宝贵的共同记忆，如果出现在广告中将极大地损害全社会人民的感情。

3. 广告宣传中应规范使用我国地图。企业有时会在广告宣传中使用我国地图，以展示产品的行销范围之广。此种行为其实与我国的“国家尊严与利益”息息相关。《地图管理条例》第 8 条第 2 款规定，地图上不得表示的内容包括危害国家统一、主权和领土完整的内容，危害国家安全、损害国家荣誉和利益的内容，属于国家秘密的内容，影响民族团结、侵害民族风俗习惯的内容等。违反上述规定的地图就是“问题地图”。2019 年，自然资源部曾就“问题地

---

① 《广告法》第 9 条第 1 项、《国家勋章和国家荣誉称号法》第 15 条第 2 款、《国家功勋荣誉表彰条例》第 39 条第 2 款、《中国共产党党内功勋荣誉表彰条例》第 32 条第 3 款、《中国共产党党徽党旗条例》第 13 条、《勋章、奖章、纪念章管理办法（试行）》、《关于禁止销售“军”字号烟酒等商品的通告》、《军服管理条例》第 10 条第 3 款、《全国少工委关于印发〈中国少年先锋队队旗、队徽和红领巾、队干部标志制作和使用的若干规定〉的通知》第 13 条、《中国少年先锋队红领巾、队旗、队徽、队委（队长）标志和队歌使用管理规定》第 10 条。

② 《广告法》第 9 条第 2 项、《英雄烈士保护法》第 22 条第 2 款、《市场监管总局、中央网信办、文化和旅游部、广电总局、银保监会、证监会、国家电影局关于进一步规范明星广告代言活动的指导意见》。

图”中的常见错误进行了归纳，主要包括漏绘钓鱼岛、赤尾屿、南海诸岛等重要岛屿，错误表示台湾省，错绘藏南地区和阿克赛钦地区国界线等。[①] 2023 年 2 月，自然资源部印发《公开地图内容表示规范》，强调“符拉迪沃斯托克”等八个地名应当加括注表示中文地名[②]。建议食品企业在广告宣传中避免使用我国地图，如果实在要用，应参考自然资源部网站发布的标准地图服务（http：//bzdt. ch. mnr. gov. cn/），从这里下载正确的中国地图和世界地图。正确的省级行政区域地图则可以从省级自然资源行政主管部门的网站下载。此外，在广告宣传中使用地图应标注审图号。

案例 3.7　企业网站上使用“问题地图”被查处[③]

当事人江苏某技术发展公司为宣传其企业文化及产品服务，委托盐城市某网络工程公司为其建设企业网站，在“工程案例”栏目网页上，当事人使用了一幅部分省份插红旗的“中国地图”并配合相关文字说明，对其业务开展情况进行宣传。经盐城市自然资源和规划局认定，该图存在漏绘我国南海诸岛、钓鱼岛、赤尾屿等重要岛屿，国界显示不完整，没有审图号等问题。

监管部门认为，正确的国家版图是国家主权和领土完整的象征，具有严肃的政治性、严密的科学性和严格的法定性。“问题地图”既危害国家主权统一、领土完整、安全和利益，也容易模糊认同、歪曲认知，伤害中国人民的感情。当事人发布含有“问题地图”的广

---

① 《快速识别“问题地图”》，载自然资源部官网，https：//www. mnr. gov. cn/dt/ywbb/201908/t20190802_ 2451218. html，最后访问日期：2023 年 2 月 28 日。

② 《自然资源部关于印发〈公开地图内容表示规范〉的通知》（自然资规〔2023〕2 号）第 14 条。

③ 江苏省盐城市市场监督管理局行政处罚决定书，盐市监处字〔2021〕第 12067 号；江苏省市场监督管理局行政复议决定书，〔2021〕苏市监复决字第 43 号。

告，违反了《广告法》第9条第4项广告不得“损害国家的尊严或者利益”之规定，决定对其处以罚款20万元。

4. 其他。公序良俗的外延十分广泛，典型的如广告不得恶搞经典、歪曲历史，不得含有淫秽、色情、赌博、迷信、恐怖、暴力的内容，不得含有民族、种族、宗教、性别、地域、职业等方面歧视的内容，不得使用“特供”“专供”“专用”“内招”“国宴”“国宾”等标识及暗语，不得宣扬拜金主义、享乐主义、奢靡浪费、娱乐至上、“卖惨”等不良文化以及炒作个人隐私、炒作灾难事件等低俗、庸俗、媚俗内容等。[①]

案例3.8 发布挑战吃面广告被查处[②]

当事人上海某餐饮管理公司于2021年10月通过微博、小红书、哔哩哔哩等平台的官方账号发布含有“挑战超级牛大碗”及“挑战全家牛大碗半小时内吃完即可享受价值98元牛大碗免单”等广告内容的视频链接，并自2021年11月1日至12月17日在环球港、星游城、金山百联三家门店醒目位置摆放含有“挑战全家牛大碗半小时内吃完即可享受价值98元牛大碗免单”等字样的海报。上述全家牛大碗产品内含拉面1千克，约5人份，外加牛肉片及香菜牛肉汤等，挑战人员需把内含的面条全部吃完即算成功。至案发，共有十余名顾客参与了活动，其中有三人挑战成功。

---

① 《市场监管总局、中央网信办、文化和旅游部、广电总局、银保监会、证监会、国家电影局关于进一步规范明星广告代言活动的指导意见》，《国管局、中直管理局、财政部、审计署、工商总局关于严禁中央和国家机关使用“特供”“专供”等标识的通知》（国管办〔2013〕59号），《广告法》第9条第5项、第7项、第8项、第9项。

② 上海市普陀区市场监督管理局行政处罚决定书，沪市监普处〔2022〕072021003197号。

监管部门认为，为防止食品浪费，保障国家粮食安全，国家于2021年4月颁布实施《反食品浪费法》。而当事人在同年10月发布案涉广告，招徕顾客参与“挑战全家牛大碗半小时内吃完即可享受价值98元牛大碗免单”活动，该牛大碗中食品的量明显超过一般人的食量，与《反食品浪费法》倡导的防止食品浪费、保障国家粮食安全理念背道而驰，与中华民族勤俭节约的美德不相符合。本次活动还引起部分网友在网络平台上转发挑战视频，对我国反对浪费的良好社会风尚造成负面影响，违反了我国《广告法》第9条第7项规定，构成发布违反公序良俗广告的行为。

二、广告宣传的边界之实事求是

食品广告宣传中的实事求是有两个维度：一个是不得包含虚假内容；另一个是不得侵犯他人权利。这两种情形的效果都是误导消费者，使广告主（也就是食品企业）不当获益。

1. 不得包含虚假内容，即“求真”

内容虚假就是把没有的东西说成有，足以造成相关公众误解。比如使用“国家级”“最高级”“最佳”等绝对化用语，商品信息与实际不符，虚构使用商品的效果，涉及疾病预防、治疗功能（包括借助宣传某些成分的作用进行明示或者暗示），使用虚构的荣誉资质或者冒用认证标志等[①]。广告中使用绝对化用语的典型案例如方林富炒货店案，该店在其经营场所内外发布广告宣称其产品“杭州最优秀”“中国最好吃”“世界最高端”，被监管部门罚款20万元，后经

---

① 《广告法》第9条第3项、第17条、第28条第2款第4项，《商务部“中华老字号”标识使用规定》（商改发〔2007〕137号）第3条，《产品质量法》第5条，《认证证书和认证标志管理办法》（2022年修订）（国家市场监督管理总局令第61号）第5条。

行政复议和行政诉讼，罚款数额变更为10万元。[1] 使用绝对化用语，相当于是一竿子打翻一船人，把同行都比了下去，但如果不是这种效果，则仍然可以使用。市场监管总局对绝对化用语的例外进行了列示，比如仅表明商品经营者的服务态度、经营理念、企业文化、主观愿望、目标追求的；仅用于对同一品牌或同一企业商品进行自我比较的；仅用于宣传商品的使用方法、使用时间、保存期限等消费提示的；依据国家标准、行业标准、地方标准等认定的商品分级用语中含有绝对化用语的；依据国家有关规定评定的奖项、称号中含有绝对化用语的；商品名称、规格型号、注册商标或者专利中含有绝对化用语的；以及在限定具体时间、地域等条件的情况下，表述时空顺序客观情况或者宣传产品销量、销售额、市场占有率等事实信息的[2]；等等。

有一种情况虽然说的是事实，却故意省略上下文进行断章取义的片面陈述，使宣传内容表达不确切、不明白，从而产生误导消费者的结果，比如，市场上并不存在某种转基因作物及其加工品，却在广告宣传中声称"非转基因"，这是典型的揣着明白装糊涂，原农业部科技教育司2015年发布的《关于指导做好涉转基因广告管理工作的通知》[农科（执法）函〔2015〕第18号]明确禁止这种广告宣传，而且还规定，市场上确实存在某种转基因作物和非转基因作物及其加工品的，可以标明非转基因但禁止使用更健康、更安全等误导性广告词。这种陈述片面事实或者以歧义性语言进行陈述的广告宣传是虚假广告宣传中比较隐蔽的一个类型，类似的还有将科学

---

① 杭州市西湖区市场监督管理局行政处罚决定书，（杭西）市管罚处字〔2015〕534号；杭州市市场监督管理局行政复议决定书，（杭）市管复决字〔2016〕139号；杭州市西湖区人民法院行政判决书，（2016）浙0106行初240号。

② 《市场监管总局关于发布〈广告绝对化用语执法指南〉的公告》（国家市场监督管理总局公告2023年第6号）第5条、第6条。

上未定论的观点、现象当作定论的事实进行广告宣传。[1]

《广告法》第28条对虚假广告的内涵和外延作了解释和列示，与《反不正当竞争法》第8条对虚假宣传的定义有交叉之处。究其本质，广告是宣传的一种形式，所以《反不正当竞争法》第20条第2款规定，经营者违反该法第8条规定，属于发布虚假广告的，依照《广告法》的规定处罚。对食品企业来说，这相当于设置了一张严密的法网[2]，想要不触网，那就必须做到有一说一、言出有据，在广告中使用数据、科研成果、统计资料、调查结果、文摘、引用语等引证内容应当真实、准确，并表明出处，引证内容有适用范围和有效期限的，应当明确表示，并确保在有效期内。

当然，这并不意味着广告不可以进行任何夸张，适当的商业吹嘘是可以的，比如泛泛而谈，不指向商品的具体特征，或者表达一个主观愿望，而且最重要的是，消费者看过后并不会当真。例如，白丽香皂的广告语"今年二十，明年十八"，消费者不会相信用了白丽香皂会逆生长，但永葆青春是每个人的愿望，白丽香皂帮人们把这个愿望说了出来，从而自己的广告语也成为经典。又如，人头马洋酒的广告语"人头马一开，好事自然来"，消费者不会相信喝了这个酒真的会有好事接踵而至，但人们确实是希望好运连连，人头马洋酒的广告正是抓住了人们的这个心理。这也提示食品企业，优秀的广告不在于堆砌辞藻、天花乱坠，而在于深谙人性，直击痛点，引领美好。

2. 不得侵犯他人权利，即"向善"

此处的他人权利包括著作权、姓名权、肖像权、各类商业标识、

---

① 《最高人民法院关于适用〈中华人民共和国反不正当竞争法〉若干问题的解释》（法释〔2022〕9号）第17条第1款。

② 比如在瓜子二手车虚假宣传案中，法院判决就同时适用了《反不正当竞争法》和《广告法》。该案一审法院为北京市海淀区人民法院，案号：（2017）京0108民初53730号；二审法院为北京知识产权法院，案号：（2020）京73民终302号。

奥林匹克标志、特殊标志以及他人的商业信誉和商品声誉等。[①] 根据《著作权法》第 3 条，受法律保护的作品包括文字作品，口述作品，音乐、戏剧、曲艺、舞蹈、杂技艺术作品，美术/建筑作品，摄影作品，视听作品，工程设计图、产品设计图、地图、示意图等图形作品和模型作品，计算机软件以及符合作品特征的其他智力成果。广告也是作品的一种，在创作广告的过程中，食品企业应秉持“创意可借鉴，表达须有别”的原则，把握好模仿与抄袭之间的界限。在上海某网络科技公司侵犯刘某著作权案[②]中，原告刘某独立创作完成一段与自驾和崇礼滑雪相关的视频，并以其名义发表在国内专业的影视创作人社区“新片场”（www. xinpianchang. com）。法院认定，刘某对该视频依法享有著作权，而被告上海某网络科技公司未经刘某许可，在其微信公众号和新浪微博上将该视频作为广告投放，使公众可以在选定的时间和地点获得该视频，且未为刘某署名，侵害了刘某对该视频享有的信息网络传播权和署名权。最终法院判决被告上海某网络科技公司赔偿原告刘某 50 万元。

广告宣传“向善”的另一禁区是商业诋毁，用网络流行语来说就是恶意拉踩竞争者。此处的竞争者不仅是指同行业经营者，不同行业的经营者如果损害了其他经营者包括消费者注意力、交易机会等市场资源在内的竞争利益，也可构成广义上的竞争关系，因为在信息时代，有流量就有生意。利用广告实施诋毁行为是比较常见的方式，此时的广告就是不当的比较广告。其他的方式还有以声明、告客户书等形式将虚假信息或者误导性信息传递给特定或者不特定对象，利用或者组织、指使他人通过大众媒介、信息网络散布相关

---

① 《著作权法》第 26 条，《广告法》第 13 条、第 33 条，《反不正当竞争法》第 6 条、第 11 条，《奥林匹克标志保护条例》（2018 年修订）第 4 条、第 5 条、第 6 条，《特殊标志管理条例》第 16 条。

② 一审：北京市海淀区人民法院民事判决书，（2018）京 0108 民初 34939 号；二审：北京知识产权法院民事判决书，（2019）京 73 民终 1663 号。

虚假信息或者误导性信息，组织、指使他人以消费者名义对竞争对手的商品进行评价并散布相关虚假信息或者误导性信息，以及对竞争对手的商品作出虚假或者误导性的风险提示等[①]。

在上海某文化传媒公司商业诋毁案[②]中，监管部门认定，该公司在某平台直播间推销“珀莱雅羽感防晒”时称“我用完这个之后再用那个资生堂的琉璃时光防晒……不行……包括我现在用伊菲丹一千多块钱的防晒……用完还是会泛油光，不行”等误导性内容，在推销“理肤泉眼部卸妆水”时称“这个就是比那个美宝莲好用那么一点点……好用1%吧可能，完全一点都不会辣眼睛”等误导性内容，贬低了竞争对手的商品，损害了竞争对手的商业信誉、商品声誉，决定对上海某文化传媒公司的商业诋毁行为罚款35万元（该公司同时还有虚假宣传行为，对虚假宣传行为决定罚款63万元）。而在东阳某贸易公司商业诋毁案[③]中，作为“麦趣尔”、“小西牛”和“百菲酪”三个牛奶品牌的东阳经销商，该公司将他人发布的短视频转发在其抖音账号上，视频内容涉及旺仔牛奶、AD钙奶、蒙牛真果粒、李子园牛奶、养乐多、六个核桃、蒙牛早餐奶、伊利儿童成长牛奶，视频中称“这八种‘牛奶’不要再给孩子喝了，父母快收藏起来”，“第一种旺仔牛奶粉红色的勾兑含有大量糖分和香精”并配有旺仔牛奶的图片，“第二种AD钙奶真的补不了钙”并配有娃哈哈AD钙奶图片，“第三种真果粒牛奶量少大量香精勾兑而成”并配有蒙牛真果粒图片，“第四种李子园就是水兑糖”并配有李子园牛奶图片，“第五种养乐多含糖量高容易让孩子口味变重”并配有养乐多图片，“第六种六个核桃含白砂糖和香精等添加剂”并配有六个核桃饮

---

① 《上海市反不正当竞争条例》（2020年修订）第15条，这些规定被市场监管总局《禁止网络不正当竞争行为规定（征求意见稿）》第12条所吸收。

② 上海市徐汇区市场监督管理局行政处罚决定书，沪市监徐处〔2022〕042022000067号。

③ 浙江省东阳市市场监督管理局行政处罚决定书，东市监案字〔2022〕337号。

料图片，“第七种蒙牛早餐奶奶物质含量少添加剂含量多”并配有蒙牛早餐奶图片，“第八种 QQ 成长奶味道甜蜜容易降低孩子的食欲”并配有伊利儿童成长牛奶图片。监管部门认定，该公司的行为损害了竞争对手的商品声誉。这也提示食品企业，法律并不禁止正当的商业言论和商品之间的比较，但原则是仅对商品信息进行客观的呈现，切不可带有主观倾向性地进行“捧高踩低”，否则将面临行政处罚以及民事赔偿。

三、广告代言人的管理

广告代言人，是指广告主以外的，在广告中以自己的名义或者形象对商品、服务作推荐、证明的自然人、法人或者其他组织。[①] 使用了广告代言人的广告又称鉴证广告。广告代言人的使用，可以增强消费者对商品的信任，从而促进销售，因为广告代言的本质是代言人以自己的个人声誉为商品作担保，消费者于是爱屋及乌，把对代言人的喜爱投射到商品上面，两者的关系是相互提升、一荣俱荣，但也容易互相伤害、一损俱损。对食品企业而言，制作发布鉴证广告至少应当做到以下几点（由于保健食品、特殊医学用途配方食品不得使用广告代言人，故此处所说的食品鉴证广告不包括这两种食品）[②]：

第一，选人以德。我国《广告法》为广告代言人资格设置了负面清单，不得担任广告代言人的主体包括国家机关及其工作人员，不满 10 周岁的未成年人，以及在虚假广告中作推荐、证明受到行政处罚未满 3 年的自然人、法人或者其他组织。[③] 同时，我国《食品安全法》对食品广告的鉴证也有禁止性规定，即县级以上人民政府食

① 《广告法》第 2 条第 5 款。

② 知名演员潘某因代言保健食品被处罚实属令人惋惜，保健食品不得代言应该已成常识。该案案号为：沪市监总处〔2022〕322021000445 号。

③ 《广告法》第 9 条第 2 项，第 38 条第 2 款、第 3 款。

品安全监督管理部门和其他有关部门以及食品检验机构、食品行业协会不得以广告或者其他形式向消费者推荐食品，消费者组织也不得以收取费用或者其他牟取利益的方式向消费者推荐食品。[①] 此外，上海市市场监督管理局印发的《商业广告代言活动合规指引》（沪市监广告〔2022〕38号）建议，因吸毒行为被公安机关查处未满三年或者尚未戒除毒瘾的自然人，发生违法犯罪、违反公序良俗等行为的明星艺人不能担任广告代言人。浙江省市场监管局发布的《明星商业广告代言行为合规指引》也建议，明星有重大失德失范行为，作为广告代言人将妨碍社会公共秩序或者违背社会良好风尚、极易造成不良社会影响和后果的，应主动拒绝参与商业广告代言活动。《市场监管总局、中央网信办、文化和旅游部、广电总局、银保监会、证监会、国家电影局关于进一步规范明星广告代言活动的指导意见》将此上升到国家层面，该意见指出，企业应当自觉抵制选用违法失德明星作为广告代言人，包括发表过错误政治言论或者其他违背社会主义核心价值观言论造成恶劣社会影响的明星，存在吸毒、赌博、酒驾、强制猥亵、偷漏税、诈骗、证券内幕交易等违法犯罪行为造成恶劣社会影响的明星。总之，广告代言人的选用要以德为先，相关的红线不可逾越。

比如，在某纸业集团有限公司上海分公司发布违法广告案[②]中，某纸业集团有限公司上海分公司在发布的清风卷纸广告板广告以及在其某款卷纸的外包装上，均有 Kim Lim（即林志颖的儿子林嘉荣）的形象。Kim Lim 此前由于参演了《爸爸去哪儿》等综艺节目，具有一定的知名度，案涉广告发布时，Kim Lim 不满10周岁，监管部

---

① 《食品安全法》第73条第2款。严格来说，为保持中立性，消费者组织不应当以任何方式向消费者推荐商品。

② 上海市工商行政管理局行政处罚决定书，沪工商检处字〔2016〕第320201610042号。

门认为某纸业集团有限公司上海分公司构成利用不满10周岁的未成年人作为广告代言人的行为，决定处以10万元罚款。当然，广告中出现未成年人形象是否都是广告代言行为不能一概而论，主要看该未成年人的社会知名度如何，以及是否以自己的真实身份进行荐证。就算知名度不高，但以真实身份进行荐证，也构成广告代言，这个标准同样适用于成年人。从监管趋势来看，名人只要出现在广告当中，那就是广告代言人，因为消费者一看就能辨认出名人的真实身份，即使其在广告中声称是“××体验官”等类似头衔，即使其真的入职了作为广告主的企业并签订了劳动合同。《市场监管总局、中央网信办、文化和旅游部、广电总局、银保监会、证监会、国家电影局关于进一步规范明星广告代言活动的指导意见》明确指出，除明星作为广告主为自己生产或者销售的商品进行广告推介外，明星在商业广告中通过形象展示、语言、文字、动作等对商品或者服务进行推荐或者证明，应当依法认定为广告代言行为，包括明星以扮演的影视剧角色在广告中对商品进行推介的，以及明星为推荐、证明商品，在参加娱乐节目、访谈节目、网络直播过程中对商品进行介绍的。上海市市场监督管理局印发的《商业广告代言活动合规指引》还进一步明确，所谓在参加综艺节目过程中对商品进行介绍，包括创意中插、情节设计等形式。此外，通过互联网媒介，名人以种草（经验分享）、探店、消费测评等方式推销商品，也构成广告代言。应当明确的是，如果广告中没有标明身份，消费者也难以辨别其身份，那就不是广告代言，而是广告表演。

第二，真实使用。这是前述广告宣传“求真”原则的题中应有之义。广告代言活动不仅是代言人为商家吆喝，同时也可以看作代言人在替消费者“以身试物”。为商家吆喝的报酬是广告代言费，替消费者“以身试物”的回报就是收获更多消费者的支持从而让自己的商业价值水涨船高，所以《广告法》第38条第1款中规定，广告代言人不得为其未使用过的商品或者未接受过的服务作推荐、证明。《市场监管总局、中央网信办、文化和旅游部、广电总局、银保监会、证监会、国家电影局关于进一步规范明星广告代言活动的指导意见》则进一步规定，明星本人应当充分使用代言商品，保证在使用时间或者数量上足以产生日常消费体验。不仅在代言前就要使用，在代言期内也要以合理的频率、频次持续使用代言商品，所以，象征性地购买和使用是不符合要求的。如果是为婴幼儿专用商品或者异性用商品代言，则应当由明星的近亲属充分、合理使用代言商品。无论是谁使用，务必保存使用过程的相关证据，最好是企业和代言人各保留一份。

第三，签订合同。作为广告主的食品企业应当与广告代言人及其经纪公司（若有）就广告代言事宜订立书面合同（有时候合同主体可能还包括广告经营者、广告发布者），明确各方的权利和义务，比如作为广告主的食品企业，最重要的义务是保证广告的真实性、合法性。各方特别应就广告代言活动中因某一方的过错，如发生违法失德、食品安全问题、违反公序良俗行为等导致无法继续代言的情况，明确后续处置方式及责任承担。

四、赞助、冠名与联名

赞助、冠名与联名是企业营销破圈的利器，从本质来讲也都可以算是广告宣传的一种形式。赞助是指赞助方为某项活动提供资金或实物上的支持，活动主办方授予赞助方一定专有权利（如活动名称、标识等的使用权）的行为，常见的有体育赛事赞助（如世界杯[①]、奥运会）、综艺活动赞助等。活动主办方可以对赞助商进行分级，级别不同，享有的权益也不同。例如，2022 年卡塔尔世界杯官

---

① 单独使用“世界杯”一词的时候专指国际足联组织的男足世界杯比赛。

方赞助商分为三个等级，从高到低分别是国际足联合作伙伴、世界杯赞助商和区域赞助商，国际足联合作伙伴中的唯一食品企业是可口可乐，世界杯赞助商中的食品企业则有蒙牛、麦当劳和百威。虽然碳酸饮料、炸鸡薯条和啤酒是足球运动员的大忌，但却是球迷在看球时候的最佳拍档。如果赞助商可以将自己的名称列在活动名称之前，该赞助商就是冠名商。冠名商是最高等级的赞助商，而且只有一家。无论是否冠名，作为赞助方的企业，核心诉求是品牌曝光以及对活动元素使用的最大化，因此，在签订赞助合同时应紧紧围绕该诉求进行相关条款的设计。

联名一般发生在不同行业的品牌（至少是不同细分市场的品牌）之间而不是竞品之间，很难想象蒙牛和伊利会推出联名款牛奶（除非是公益行为），因为联名虽然是双方互相借力，但其本质是一方（借名方）将另一方（出名方）的名称和商业标识（或作品）用在自己的产品上，比如瑞幸与椰树联名推出的椰云拿铁，其杯套与包装袋采用了椰树的经典设计风格，引得消费者纷纷打卡。在这次联名中，瑞幸卖爆了产品，椰树也引爆了话题，但如果椰树不授权瑞幸使用其经典设计，那瑞幸就属于擅自使用与他人有一定影响的商品名称、包装、装潢等相同或者近似的标识，构成不正当竞争行为。食品企业选择联名对象，除了考虑双方的价值观是否相似以及对方的知名度之外，同样重要的是对方产品属性与自身产品的匹配度，也就是两者在一起会不会让人产生负面联想，比如喜茶与威猛先生联名推出的一款油柑饮品，宣称王“榨”油柑，威猛去油，令网友直呼一股浓浓的洁厕灵味儿扑面而来，这次联名就难言成功。而选定联名对象之后的工作就是签订一份完备的联名合作合同，该合同的核心是出名方名称和商业标识（或作品）的授权和使用条款，同时还应注意出名方的名称和商业标识（或作品）用在借名方的产品上是否可能侵犯在先权利。

第三节　让利型促销

促销是指为吸引消费者、扩大销售而开展的营销活动，广告宣传、赞助、冠名、联名其实都属于广义的促销范畴，这三种方式的共同点在于促使消费者形成品牌印象。而狭义的促销是指以让利的方式促使消费者将对品牌的印象转化为实际的购买行为，包括减价折价、有奖销售等方式。

一、明码标价与价格促销

商品价格是消费者进行购买决策的关键信息，也是购物体验的重要一环，没人希望自己冷不丁被“刺客”刺伤，所以，我国法律规定，经营者销售商品应当明码标价，注明商品的品名、产地、规格、等级、计价单位、价格等有关情况，做到真实准确、货签对位、标识醒目，并且不得在标价之外加价出售商品，不得收取任何未予标明的费用，违者没收违法所得，可以并处5000元以下的罚款。明码标价的具体形式包括标价签（含电子标价签）、标价牌、价目表（册）、展示板、电子屏幕、商品实物或者模型展示、图片展示等，通过网络等方式销售商品时，则应当通过网络页面，以文字、图像等方式进行明码标价。[①]

减价、折价是典型的价格促销方式之一，就是将实际售价与某个价格进行比较从而让消费者一目了然折扣力度，这个被比较的价

① 《价格法》第13条，《明码标价和禁止价格欺诈规定》（国家市场监督管理总局令第56号）第5条第2款、第7条第1款、第8条、第12条第1款、第13条，《价格违法行为行政处罚规定》（2010年修订）第13条。

格是减价、折价的基准价，往往会用线划去以表明不再执行，所以又称划线价。法律对划线价的要求是真实准确，比如标明划线价是厂商建议零售价的时候，必须有相关材料佐证，厂商建议零售价发生变动时，应当立即更新。实践中，类似“划线的价格可能是品牌专柜标价、商品吊牌价或由品牌供应商提供的正品零售价，或该商品在平台上曾经展示过的销售价等”这样的表述不属于准确标明被比较价格的含义，具有较大风险。如果没有标明划线价的性质，那么，划线价应当不高于在同一经营场所进行价格比较前7日内的最低成交价格，前7日内没有交易的，应当不高于本次价格比较前最后一次交易价格，这就是价格法律规范中所谓“原价”的概念。并且，在没有合理理由的情况下，不可以在减价、折价前临时显著提高标示价格并作为减价、折价的计算基准，① 否则构成价格欺诈。

在北京某教育科技公司未标明被比较价格信息案②中，当事人在其抖音店铺“北京尚德”销售“‘双证取证 + 就业实操协议班’正规授权单位权威颁发!”商品，先是标示“￥3580元，官方价：￥9940元”，然后标示实际成交价格 –“秒杀价￥2480元，券后￥2474元”（使用抖音发放的6元优惠券后）。其中的“￥3580元”作为被比较价格，未标明详细信息，且该被比较价格高于自6月1日该商品销售以来当事人在该店铺所销售的所有13单的成交价格，监管部门认定其构成价格违法行为，决定罚款10万元。在上海某商业公司世纪大道分公司虚构原价案③中，当事人在5款服装的价格牌上以“WOW原价￥”作为被比较价格，开展促销活动，但其所标

---

① 《规范促销行为暂行规定》（国家市场监督管理总局令第32号）第21条第2款，《明码标价和禁止价格欺诈规定》（国家市场监督管理总局令第56号）第16条第2款、第17条第1款。

② 北京市市场监督管理局行政处罚决定书，京市监处罚〔2022〕168号。

③ 上海市市场监督管理局行政处罚决定书，沪市监总处〔2022〕322021000527号。

注的是虚构、未成交过的“被比较价格”，监管部门同样认定其构成价格违法行为，决定对其处以罚款10万元。所以，经营者务必留存先前的交易单据，以备打折促销时确定划线价之用。此外，在新店开业和新品促销中，也不可使用“原价”“特价”等类似字样，因为从来没有销售过，也就不存在所谓的“原价”，没有“原价”，“特价”也就无从比较，但可在结算时予以折扣。

折价还可以通过积分、礼券、兑换券、代金券等形式进行，此时应公开折抵价款的具体办法，该办法将成为买卖合同的一部分，经营者不按该办法进行折抵的，也构成价格欺诈行为。其他的价格欺诈行为还有低标高结，在首页或者其他显著位置标示的价格低于在详情页面标示的价格等。①

其他的价格促销方式如会员价，是典型的“经营者根据不同交易条件实行不同价格的”情况，因为就算消费者成为会员没有支付费用，但至少在入会的时候向经营者提供了个人信息，经营者以让渡部分商品利润为代价获取会员的个人信息，符合公平原则。

二、有奖销售

有奖销售，是指经营者以销售商品或者获取竞争优势为目的，向消费者提供奖金、物品或者其他利益的行为，包括抽奖式和附赠式等有奖销售。抽奖式有奖销售是指经营者以抽签、摇号、游戏等带有偶然性或者不确定性的方法，决定消费者是否中奖的有奖销售行为，这在法律上称为射幸行为。附赠式有奖销售是指经营者向满足一定条件的消费者提供奖金、物品或者其他利益的有奖销售行为。② 赠品并不因其是赠品就可以降低要求，不合格产品、侵权产品

---

① 《明码标价和禁止价格欺诈规定》（国家市场监督管理总局令第56号）第19条、第20条。

② 《规范促销行为暂行规定》（国家市场监督管理总局令第32号）第11条。

等不可以作为赠品。某些特定商品因其本身性质以及国家监管的需要，也不可以作为赠品，如烟草制品[①]、药品[②]。同时，还应当标示赠品的品名和数量，如果进一步标示赠品的价格或价值，则要标示赠品在同一经营场所当前的销售价格[③]。特别值得注意的是，与已经失效的《国家工商行政管理局关于禁止有奖销售活动中不正当竞争行为的若干规定》相比，现行有效的《规范促销行为暂行规定》顺应时代发展趋势，将以获取竞争优势为目的的有奖销售纳入规制范围，比如为了推广移动客户端、招揽客户、提高知名度、获取流量、提高点击率等而附带提供物品、奖金或者其他利益。[④]

案例 3.9 不销售商品的微信抽奖活动也是有奖销售[⑤]

2020 年 3 月 8 日，苏州某文化传播公司通过公司微信公众号“趣游亲子游泳俱乐部”发布了一个“春风十里、女神接礼”的活动，活动内容是通过微信公众号填写报名信息，成功后获得相应的抽奖码，并在 3 月 8 日至 14 日不同时间抽取相对应的奖品。该活动共设置 6 重礼品，其中 1 ~ 5 重礼品明确了相应的奖品价值或者奖品

① 国家烟草专卖局官方网站的“办事服务”栏目有一篇问答，问题是“疫情期间能否在微信群里搞赠烟活动?”，回答是“通过活动赠烟，将视同销售卷烟”。载国家烟草专卖局官网，http：//www. tobacco. gov. cn/gjyc/lsh/202204/3030ca8086e34eac8397e17943420e52. shtml，最后访问日期：2023 年 2 月 28 日。而根据《烟草专卖法实施条例》第 57 条规定，无烟草专卖零售许可证经营烟草制品零售业务的，将受到行政处罚。

② 《药品流通监督管理办法》（国家食品药品监督管理局令第 26 号）第 20 条规定：“药品生产、经营企业不得以搭售、买药品赠药品、买商品赠药品等方式向公众赠送处方药或者甲类非处方药。”《药品网络销售监督管理办法》（国家市场监督管理总局令第 58 号）第 8 条第 3 款规定：“药品网络零售企业不得违反规定以买药品赠药品、买商品赠药品等方式向个人赠送处方药、甲类非处方药。”

③ 《明码标价和禁止价格欺诈规定》（国家市场监督管理总局令第 56 号）第 18 条。

④ 《规范促销行为暂行规定》（国家市场监督管理总局令第 32 号）第 12 条。

⑤ 苏州市吴江区市场监督管理局行政处罚决定书，吴江市监处字〔2021〕150 号；苏州市吴江区人民法院行政判决书，（2021）苏 0509 行初 44 号。

的品牌、种类等奖品信息，且都如实兑付。第 6 重奖品为“06 无敌幸运星”，中奖人数 1 人，宣传的奖品为趣游大礼包一份，包含扫地机器人、趣游心享卡、行李箱。在“06 无敌幸运星”的奖励档次，宣传页面只有扫地机器人、趣游心享卡、行李箱的文字表述和照片，未明确上述奖品的价格、品牌等具体信息。被举报后，苏州某文化传播公司提供的购买记录显示，其购买的作为奖品的扫地机器人为“99 元/个（实际支付 89 元/个）”。吴江区市场监管局认为，苏州某文化传播公司开展抽奖活动，只公布了部分奖品的名称、图片，在“06 无敌幸运星”终极大奖的兑奖宣传页面，未明确奖品的价格、品牌等具体信息，导致实际兑付的产品与消费者的预期有差距。苏州某文化传播公司进行有奖销售所设奖品信息不明确，影响兑奖，违反我国《反不正当竞争法》第 10 条第 1 项的规定，决定处以罚款 5 万元。

苏州某文化传播公司向吴江区人民法院提起诉讼，认为其举办的活动不需要参与者购买其公司的商品或者服务，整个活动中没有出现任何销售行为。根据国家工商行政管理局《关于禁止有奖销售活动中不正当竞争行为的若干规定》① 第 2 条关于有奖销售的定义可知，其行为不属于有奖销售行为，因此也未违反《反不正当竞争法》的相关规定，吴江区市场监管局作出的行政处罚应予撤销。

法院认为，《反不正当竞争法》规制有奖销售的目的在于防止有奖销售活动对公平竞争秩序的影响，进而损害其他经营者或消费者的利益。苏州某文化传播公司作为经营者，应遵守诚实信用原则，遵守公认的商业道德，不应采取任何不正当竞争手段，损害其他经营者或者消费者的利益。本案中，苏州某文化传播公司举办微信抽奖活动并非从事公益活动。根据其设置的抽奖规则，凡是参加微信

---

① 案发当时有效。

抽奖活动的参与者首先需要填写报名信息，包括婴幼儿的姓名、出生年月、联系方式、是否会员等，转发朋友圈邀请他人报名还可以额外获得抽奖机会。也就是说，要参与抽奖，参与者必须将身份信息提供给苏州某文化传播公司，额外获得抽奖机会也是基于邀请他人提供了身份信息。从表面上看，参与抽奖无须支付费用，但实际上，参与者是以其个人信息换取抽奖的机会。数字化时代的公民个人信息是一种无形资产，参与者用自身的无形资产换取获得奖品的机会，参与者与苏州某文化传播公司之间本质上仍然形成了一种等价交换关系。苏州某文化传播公司举办的微信抽奖活动虽不以消费为前提，但其抽奖活动面向全部消费者，目的在于扩大公司的知名度，宣传自己的商品或服务，特别是利用参与者的报名信息，发掘潜在的客户，从而获取更大的经营利润。即便消费者未支付货币对价，也以其他行为替代，如填写身份信息、转发朋友圈获取流量等。因此，案涉微信抽奖活动，实质上是一种有奖销售的经营活动，有可能对竞争秩序、消费者利益造成不当影响，属于《反不正当竞争法》的规制范围。苏州某文化传播公司认为其行为不属于有奖销售，理由不能成立。

开展有奖销售应当做到活动真实、信息明确、不超限额。活动真实就是不得谎称有奖，比如，虚构奖项、奖品、奖金金额，仅在活动范围中的特定区域投放奖品，将带有中奖标志的商品、奖券不投放、未全部投放市场，将带有不同奖金金额或者奖品标志的商品、奖券按不同时间投放市场，故意让内定人员中奖等。信息明确就是要在开展活动前，明确公布奖项种类、参与条件、参与方式、开奖时间、开奖方式、奖金金额或者奖品价格、奖品品名、奖品种类、奖品数量或者中奖概率、兑奖时间、兑奖条件、兑奖方式、奖品交付方式、弃奖条件、主办方及其联系方式等信息，公布之后不得变更以及附加条件（有利于消费者的条件除外）。[①] 不超限额就是抽奖式有奖销售最高奖的金额不得超过 5 万元，至于哪些情形可以认定超过 5 万元，《规范促销行为暂行规定》第 17 条作了详细列示。这里有一点需要特别注意，假如以非现金形式的物品或者其他利益作为奖品，《规范促销行为暂行规定》第 18 条虽然规定奖品金额按照同期市场同类商品的价格计算，但在以一定期间物品使用权为奖品的情况下，奖品金额应为该期间开始时的物品价格与该期间结束时的物品价格之差比较合理。[②]

第四节　全渠道运营

一、线上运营

“入网食品生产经营资质问题”已在本书第二章第一节论及，此处不再赘述。互联网的本质是一个提高效率的工具，无论是图文电商还是直播电商，线上与线下仍然遵循相同的底层逻辑，所以，食品企业线上运营的合规要求大多是老问题。有些“老问题”会在线上以“新形式”出现，比如线上虚假宣传就具有多种“新形式”。而线上运营“新问题”中的焦点是消费者个人信息保护问题。

（一）老问题与新形式

商业就是借助“场”实现“人”与“货”的相遇与结合。互联

① 《规范促销行为暂行规定》（国家市场监督管理总局令第 32 号）第 13 条、第 15 条、第 16 条。

② 陈学军、丁伟主编：《〈上海市反不正当竞争条例〉释义》，中国工商出版社 2021 年版，第 57 页。

网出现之前，这个“场”是商超以及数以百万计的各类销售终端。互联网的出现丰富了“场”的外延，这就是各类电子商务平台。如前所述，互联网对生产生活方式的改变更多地体现在效率方面，无论线上线下，从事经营活动所要遵守的规范并没有大相径庭，比如，电子商务经营者应当亮证亮照、明码标价、保证商品质量、规范广告发布、保护消费者权益、保护知识产权等,[①] 这些要求线下经营者也应遵守。就算近年来火热的直播电商也绕不开这些问题，但直播电商确实有其优越性，直播电商可以更直观地、全方位地展示商品信息，并且可以与消费者进行实时互动，增强了消费者的参与感和体验感，购物不再是一个人的任务，而变成了一群人的狂欢。

当然，有些老问题是以新形式出现，比如网络虚假宣传和购物评价制度。网络虚假宣传的方式包括虚构交易、编造用户评价；采用误导性展示等方式，将好评前置、差评后置，或者不显著区分不同商品或者服务的评价等；采用谎称现货、虚构预订、虚假抢购等方式进行虚假营销；虚构点击量、关注度等流量数据，以及虚构点赞、打赏等交易互动数据[②]，不一而足。电子商务经营者与他人签订的以虚构交易、虚构点击量、编造用户评价等方式进行虚假宣传的合同是无效合同[③]，帮助者也构成虚假宣传的违法行为[④]。

---

① 参见《电子商务法》、《网络交易监督管理办法》（国家市场监督管理总局令第37号）、《网络直播营销管理办法（试行）》、《市场监管总局关于加强网络直播营销活动监管的指导意见》（国市监广〔2020〕175号）等相关法律法规、政策文件。

② 《网络交易监督管理办法》（国家市场监督管理总局令第37号）第14条第2款。市场监管总局《禁止网络不正当竞争行为规定（征求意见稿）》对此有更详细的规定。

③ 《最高人民法院关于审理网络消费纠纷案件适用法律若干问题的规定（一）》（法释〔2022〕8号）第9条。

④ 《反不正当竞争法》第8条第2款、第20条。

案例 3.10　上海某策划咨询公司帮助其他经营者虚假宣传案①

上海某策划咨询公司与上海某餐饮服务公司签订合同，约定由上海某策划咨询公司为上海某餐饮服务公司的“炊烟小炒黄牛肉”餐饮店提供点评笔记、小红书媒体推广工作。上海某策划咨询公司在数个微信群里发布招募信息，网络达人（大 V）报名后，上海某策划咨询公司采用两种形式安排他们去“大 V 探店”，一是通过和商家报接头暗号的形式免费用餐；二是直发，即直接写评论，不到店消费。探店前上海某策划咨询公司会给网络达人发送文章的模板、图片和要求，网络达人使用该模板里的文字及图片在大众点评的点评笔记及小红书上发布在该店消费的环境、口味、价格等的正面体验信息。发布后网络达人把相关链接发给上海某策划咨询公司审核，审核通过后网络达人将收到上海某策划咨询公司支付的评论费用。上海某策划咨询公司组织未到店网络达人发表的好评文章共计 18 篇，组织到店体验网络达人发表的好评文章共计 10 篇，收取上海某餐饮服务公司宣传费用共计人民币 17271 元。

上海某策划咨询公司还采用同样方式为上海某文化发展公司和上海某贸易公司进行网络推广，收取上海某文化发展公司宣传费用人民币 10000 元，收取上海某贸易公司宣传费用人民币 15500 元。监管部门认为，上海某策划咨询公司已构成帮助其他经营者进行虚假商业宣传的行为，决定对其处以罚款 20 万元。

而购物评价在线下要么是消费者之间口口相传，要么消费者写

① 上海市静安区市场监督管理局行政处罚决定书，沪市监静处〔2022〕062021001493 号。类似的还有中国（上海）自由贸易试验区市场监督管理局行政处罚决定书，沪市监自贸处〔2022〕152021001997 号；上海市市场监督管理局行政处罚决定书，沪市监机处〔2022〕202022000033 号等案例，也都是在小红书上虚假种草。

在商家提供的实体留言板或留言册上，传播范围十分有限，电子商务平台则可以集中展示消费者的购物评价，电子商务平台经营者还不得删除这些评价，除非评价当中包含法律、行政法规、规章禁止发布或者传输的信息（此时网络交易经营者可以依法予以技术处理）①。在此应注意区分消费者的差评是否为恶意。消费者基于收到的商品与线上描述是否相符、物流速度、服务态度等综合因素对商家进行的评价，虽具有一定的主观性，但只要不是出于恶意诋毁商业信誉的目的，给差评不构成侵权。但是，如果所谓的差评并非基于真实交易或者短时间内同一主体多次给出不合理的差评，又或者用语严重不当、发布差评的范围严重扩大化，那就可以认定发布者具有恶意，构成侵权。

此外，无论是入驻电子商务平台，还是自建网站或手机应用程序，食品企业进行线上运营仍有三个问题需要注意：

1. 7 日无理由退货问题。这是法律赋予消费者的权利，但有例外，比如鲜活易腐的、根据商品性质并经消费者在购买时确认不宜退货的、已拆封且影响商品完好的等，其中，是否影响商品完好并没有确定的标准，一般是个案认定②。

2. 消费纠纷的管辖问题。在没有特别约定的情况下，网络购物纠纷将由被告住所地或者消费者收货地法院管辖③，如果不同地方的消费者均向其收货地法院起诉，电子商务经营者将多地应诉，疲于奔命，所以网络购物协议中一般都会以格式条款的形式事先约定管辖法院，且约定的法院大多是被告住所地法院，更直白的会约定为

---

① 《电子商务法》第 39 条，《网络交易监督管理办法》（国家市场监督管理总局令第 37 号）第 15 条。

② 比如，对数码产品进行拆封查验而并没有激活的，仍然适用 7 日无理由退货。参见上海市青浦区市场监督管理局行政处罚决定书，沪市监青处〔2023〕292022001278 号。

③ 《民事诉讼法》第 24 条、《最高人民法院关于适用〈中华人民共和国民事诉讼法〉的解释》（2022 年修正）（法释〔2022〕11 号）第 20 条。

电子商务经营者所在地法院。如果电子商务经营者没有对管辖权格式条款进行合理的提示和说明，消费者可以主张该条款无效，且很有可能得到法院支持。[①] 为了规避这一风险，食品企业进行线上经营需要拟定管辖权条款时，应该尽到合理的提示和说明义务，比如，如果网络购物协议中加黑、加粗、下划线的内容较多，那就使用别的醒目颜色（标红、标蓝）对管辖权条款进行提示，如果担心管辖权条款放在网络购物协议靠后位置，消费者不一定有耐心读完全文，那就把管辖权条款放在靠前位置或者置顶，又或者以单独弹窗、勾选的方式进行提示等。但法院仍可能以排除、限制消费者主要权利为由，判定网络购物协议中的管辖权条款无效，比如在（2020）鲁04民辖终71号案件中，二审法院认为，北京某科技公司提供的管辖权约定格式条款排除了合同履行地法院的管辖权，排除了王某选择连接点的其他法院管辖的权利，不合理地加重了王某的维权成本，将会导致其诉讼权利无法正常实现，从而认定该管辖权约定格式条款无效。不过，如果在网络购物协议的管辖权条款中约定只能提起仲裁，则被判定有效的可能性更加微乎其微。

3. 善用“避风港”原则。“避风港”原则即“通知—移除”规则，意思是说知识产权权利人认为其知识产权受到侵害的，有权通知电子商务平台经营者采取删除、屏蔽、断开链接、终止交易和服务等必要措施。电子商务平台经营者接到通知后，应当及时采取必要措施，并将该通知转送平台内经营者。此时，平台内经营者并非只能两手一摊、束手无策，在接到转送的通知后，平台内经营者可以向电子商务平台经营者提交不存在侵权行为的声明，也就是“反通知”。电子商务平台经营者接到“反通知”后，应当将“反通知”

① 《最高人民法院关于适用〈中华人民共和国民事诉讼法〉的解释》（2022年修正）（法释〔2022〕11号）第31条。

转送知识产权权利人，并告知其可以向有关主管部门投诉或者向人民法院起诉。电子商务平台经营者在“反通知”到达知识产权权利人后15日内，未收到权利人已经投诉或者起诉通知的，应当及时终止所采取的措施①。

可以看到，“避风港”原则中涉及两个通知，即知识产权权利人的通知和平台内经营者的反通知。知识产权权利人的通知应当包括构成侵权的初步证据及权利人的真实身份信息，同样，平台内经营者的反通知应当包括不存在侵权行为的初步证据及经营者的真实身份信息。如果知识产权权利人通知错误，造成平台内经营者损害的，知识产权权利人构成侵权，应承担民事责任。而如果知识产权权利人恶意发出错误通知，造成平台内经营者损失的，则要加倍承担赔偿责任。此时如何认定“恶意”是关键，浙江省高级人民法院民三庭印发的《涉电商平台知识产权案件审理指南》（浙高法民三〔2019〕33号）对此进行了有益探索。该指南第27条和第28条规定，“恶意通知”是指通知人明知自己无权通知或通知依据不足，仍然发出通知，从而对被通知人造成损害的行为。认定通知人是否存在恶意，应重点考量是否存在伪造、变造权属证明，明知权利状态不稳定或有瑕疵，知道通知错误后不及时撤回，提供虚假鉴定意见，前后同类通知理由冲突等情形。

对于食品企业来说，无论是作为知识产权权利人进行投诉，还是作为平台内经营者应对投诉，都要务必确保自身权利基础的稳固。否则，无论是被认定为恶意通知，还是被坐实侵权，对企业的商业信誉和商品声誉都是不可估量的损失。

---

① 《电子商务法》第42条、第43条。《民法典》第1195条、第1196条对此也有规定，相对于《电子商务法》，《民法典》的规定是一般法，故《民法典》规定网络服务提供者应当终止措施的条件是“反通知”到达权利人后的“合理期限”内未收到权利人已经投诉或者起诉的通知。

案例 3.11　利用“避风港”原则恶意投诉可构成不正当竞争[①]

原告谢某在淘宝平台开设了一家名为“软件宝库”的店铺，其中销售的商品“软件安装包 22232526 中英文版本齐全支持 WIN/MAC 远程安装”系其开发的 SPSS 数据统计软件，已取得国家版权局颁发的计算机软件著作权登记证书，登记号为 2020SR1180318。

被告钟某以知识产权所有人重庆某网络科技公司的名义向阿里巴巴投诉原告谢某，理由是原告“软件宝库”店铺中售卖的商品“软件安装包 22232526 中英文版本齐全支持 WIN/MAC 远程安装”侵犯重庆某网络科技公司拥有的 SPSS 数据统计分析软件著作权（登记号为 2019SR0208284）。阿里巴巴审核通过了被告的投诉，下架了原告的被投诉商品。

被投诉商品下架后，原告谢某先后向阿里巴巴提起了三次申诉（其中投诉方响应三次，阿里官方介入三次）。最终，原告在第三次申诉时取得成功，被投诉商品重新上架。后原告向法院提起诉讼，要求被告钟某赔偿经济损失。

法院经审理认定，被告钟某经营的淘宝店铺“科研百宝箱”与原告谢某经营的淘宝店铺“软件宝库”，两者经营的商品具有高度重合性，故两者之间存在直接竞争关系。被告钟某以重庆某网络科技公司所拥有的知识产权投诉原告谢某，导致谢某的案涉商品被删除一段时间，间接让钟某经营的店铺获取了商业利益与竞争优势，但从工商登记信息中并无法确认钟某与重庆某网络科技公司的关系。重庆某网络科技公司在原告谢某案涉商品取得著作权登记证书前已被吊销营业执照，股东及高管均为韩某和刘某。而且，被告钟某在知悉原告谢某提起诉讼后，还通过微信与谢某取得联系，声称其可

① 江西省抚州市中级人民法院民事判决书，（2021）赣 10 民初 91 号。

在网上花钱雇人对谢某的店铺商品进行无限投诉，故被告钟某的投诉属于恶意投诉，已构成不正当竞争。

（二）焦点新问题：个人信息保护

线上经营的新问题主要是平台二选一、个性化推荐（精准营销）、大数据杀熟、用户个人信息保护等。“二选一”涉及《反垄断法》，规制的是电商平台。而个性化推荐、大数据杀熟归根结底也是个人信息问题，因为在收集了用户个人信息、进行精准用户画像后，才能做到个性化推荐和杀熟。

个人信息是以电子或者其他方式记录的能够单独或者与其他信息结合识别特定自然人的各种信息，包括自然人的姓名、出生日期、身份证号码、生物识别信息、住址、电话号码、电子邮箱、健康信息、行踪信息等，但不包括匿名化处理后的信息。[①] 其中，敏感个人信息是一旦泄露或者非法使用，容易导致自然人的人格尊严受到侵害或者人身、财产安全受到危害的个人信息，包括生物识别、宗教信仰、特定身份、医疗健康、金融账户、行踪轨迹等信息，以及不满 14 周岁未成年人的个人信息。[②] 食品企业在线上运营过程中，无论是入驻平台还是自建网站或手机应用程序，无论是图文电商还是直播电商，都要处理大量的用户信息。个人信息的处理包括收集、存储、使用、加工、传输、提供、公开、删除等，处理的原则可以概括为告知同意、最小必要、保证安全、有求必应。

1. 告知同意，即在处理个人信息前，应当以显著方式、清晰易懂的语言真实、准确、完整地向用户告知个人信息处理者的名称或者姓名和联系方式，个人信息的处理目的、处理方式，处理的个人

---

① 《民法典》第 1034 条第 2 款、《网络安全法》第 76 条第 5 项、《个人信息保护法》第 4 条第 1 款。

② 《个人信息保护法》第 28 条第 1 款。

信息种类、保存期限，个人行使相关权利（知情权、决定权、查阅权、复制权、删除权等）的方式和程序等。[①] 这些内容一般整合在用户协议或隐私协议之中，在用户注册时进行告知，也可以通过制定个人信息处理规则的方式进行告知，然后由用户决定是否同意。[②] 处理敏感信息时，还应告知处理的必要性以及对个人权益的影响，并取得用户的单独同意（处理未满14周岁未成年人的个人信息，应当取得未成年人父母或者其他监护人的同意，并制定专门的个人信息处理规则）。[③] 用户可以不同意处理其个人信息，也可以同意后再撤回其同意，个人信息处理者不得以用户不同意或者撤回同意为由，拒绝提供产品或者服务，处理个人信息属于提供产品或者服务所必需的除外。[④]

2. 最小必要，即处理个人信息应当采取对个人权益影响最小的方式，包括收集时限于实现处理目的的最小范围、保存期限应当为实现处理目的所必要的最短时间。[⑤] 可以看到，判断是否最小必要，主要看是否与“处理目的”相关，在网络交易中应看是否与经营活动有直接关系，没有直接关系就不能收集，更不能采用一次概括授权、默认授权、与其他授权捆绑、停止安装使用等方式，强迫或者变相强迫用户同意。[⑥]《国家互联网信息办公室秘书局、工业和信息化部办公厅、公安部办公厅、国家市场监督管理总局办公厅关于印发〈常见类型移动互联网应用程序必要个人信息范围规定〉的通知》（国信办秘字〔2021〕14号）对常见类型App的必要个人信息

---

① 《个人信息保护法》第17条第1款。

② 应当告知的内容发生变更的，应当重新取得用户同意。如果是向其他个人信息处理者提供用户信息，必须取得用户的单独同意。

③ 《个人信息保护法》第29条、第30条、第31条。

④ 《个人信息保护法》第15条、第16条。

⑤ 《个人信息保护法》第6条、第19条。

⑥ 《网络交易监督管理办法》（国家市场监督管理总局令第37号）第13条第2款。

范围作了详细规定，按照该规定，“网上购物类”的必要个人信息包括：注册用户移动电话号码，收货人的姓名（名称）、地址、联系电话，支付时间、支付金额、支付渠道等支付信息。

3. 保证安全，即个人信息处理者应当采取必要措施保障所处理的个人信息的安全，防止未经授权的访问以及个人信息泄露、篡改、丢失，这些措施包括：（1）制定内部管理制度和操作规程；（2）对个人信息实行分类管理；（3）采取相应的加密、去标识化等安全技术措施；（4）合理确定个人信息处理的操作权限，并定期对从业人员进行安全教育和培训；（5）制定并组织实施个人信息安全事件应急预案；等等[①]。

4. 有求必应，即个人信息处理者应当积极响应用户行使相关权利的要求，包括：用户请求查阅、复制其个人信息的，个人信息处理者应当及时提供；用户请求更正、补充其个人信息的，个人信息处理者应当予以核实并及时更正、补充；用户要求个人信息处理者对处理规则进行解释说明的，个人信息处理者应当予以说明；特定情形下用户要求删除其个人信息的，个人信息处理者应当删除（如处理目的已实现、无法实现或者为实现处理目的不再必要；个人信息处理者停止提供产品或者服务，或者保存期限已届满；个人撤回同意；以及个人信息处理者违反法律、行政法规或者违反约定处理个人信息等情形）。个人信息处理者拒绝用户请求的，用户可以提起诉讼。[②]

违反以上原则即涉嫌违法违规收集使用个人信息，具体的认定标准可参考《国家互联网信息办公室秘书局、工业和信息化部办公厅、公安部办公厅、国家市场监督管理总局办公厅关于印发〈App

---

① 《个人信息保护法》第 9 条、第 51 条。

② 《个人信息保护法》第 45 条、第 46 条、第 47 条、第 48 条、第 50 条，《电子商务法》第 24 条。

违法违规收集使用个人信息行为认定方法〉的通知》（国信办秘字〔2019〕191 号）的规定。当然，并非只有取得用户同意才能处理其个人信息，在特定情形下，也可以不经同意而直接处理，包括：（1）为订立、履行个人作为一方当事人的合同所必需，或者按照依法制定的劳动规章制度和依法签订的集体合同实施人力资源管理所必需；（2）为履行法定职责或者法定义务所必需；（3）为应对突发公共卫生事件，或者紧急情况下为保护自然人的生命健康和财产安全所必需；（4）为公共利益实施新闻报道、舆论监督等行为，在合理的范围内处理个人信息；（5）依照《个人信息保护法》规定在合理的范围内处理个人自行公开或者其他已经合法公开的个人信息（该人明确拒绝或者处理该信息侵害其重大利益的除外）；等等①。

至于精准营销，法律并未一律禁止，而是以赋予用户选择权的方式进行平衡，也就是说，通过自动化决策方式向用户进行信息推送、商业营销，个人信息处理者应当同时提供不针对用户特征的选项，或者向用户提供便捷的拒绝方式。而大数据杀熟则为法律所禁止，只要是对用户在交易条件上实行不合理的差别待遇，就是杀熟，不仅局限于价格。此处的关键是“合理性”的判断，如果是基于针对新用户在合理期限内开展的优惠活动，或者基于保障弱势群体利益和安全而做出的限制或差异性对待等，可以视之为合理。② 所谓自动化决策，是指通过计算机程序自动分析、评估个人的行为习惯、兴趣爱好或者经济、健康、信用状况等，并进行决策的活动③。

---

① 《个人信息保护法》第 13 条、《民法典》第 1036 条第 2 项。

② 《上海市市场监督管理局关于印发〈上海市网络交易平台网络营销活动算法应用指引（试行）〉的通知》（沪市监网监〔2021〕576 号）第 9 条。

③ 《个人信息保护法》第 24 条、第 73 条第 2 项，《电子商务法》第 18 条第 1 款。

案例 3.12 利用个人信息进行自动化决策的合法性基础[①]

原告郭某某在注册、使用被告公司运营的某购物 App 过程中发现，打开案涉 App 时会弹窗显示《隐私权政策》《用户协议》等，要求其选择“同意”或“拒绝”，若选择“拒绝”，则不能继续使用该 App。《隐私权政策》中含有以下内容：“为向您展示更契合您需求的商品或服务信息，我们会收集和使用您在访问或使用淘宝平台网站或客户端时的浏览、搜索记录及设备信息、服务日志信息，以及其他取得您授权的信息，通过算法模型预测您的偏好特征，匹配您可能感兴趣的商品、服务或其他信息，并根据您点击、浏览或购买的情况，对向您展示的商品、服务或其他信息进行排序。为满足您的多元需求，我们会在排序过程中引入多样化推荐技术，拓展推荐的内容，避免同类型内容过度集中。我们也会基于您的偏好特征在淘宝及其他第三方应用程序向您推送您可能感兴趣的商业广告及其他信息，或者向您发送商业性短信息。”原告认为这些内容违反《个人信息保护法》的相关规定，侵犯其个人信息权益，请求法院判令被告公司提供在原告不同意上述隐私政策内容时仍能使用案涉 App 的选项，并就侵害原告个人信息权益的行为赔礼道歉、赔偿损失。

法院经审理查明，案涉 App 对于自动化决策及其在信息推送、商业营销行为中的应用，已通过下述措施保障用户的选择权（拒绝权）：（1）在 App 内路径“我的 App—设置—隐私设置—广告管理”中，用户可依照不同商品（或服务）类目选择性地剔除个性化广告，也可点击按钮整体关闭个性化广告；（2）在 App 内路径“我的 App—设置—隐私设置—推荐管理”中，用户可点击按钮整体关闭

① 杭州互联网法院民事判决书，（2021）浙 0192 民初 5626 号。

个性化推荐；（3）在 App 内路径“我的 App—足迹”“搜索框—历史搜索”中，用户可选择删除浏览、搜索记录；（4）若用户需要查看不针对其个人特征的排序，可以在搜索结果页面点击“筛选”，选择其中的“销量”“价格”“通用排序”进行设置。上述用户选择权（拒绝权）保障措施亦明晰载于《隐私权政策》中。

法院认为，案涉 App 在《隐私权政策》中采取了首次运行时、用户注册时均提示用户是否同意隐私政策的事前概括同意机制，对用户基本知情同意权进行了保障。同时，通过在 App 内部设置便捷的拒绝自动化推荐选项，对用户个人信息权益保障提供了事后选择机制。前述选择机制符合《个人信息保护法》的规定，故案涉 App 在首次运行时、用户注册时提示郭某某阅读并请求其同意《隐私权政策》，并非以拒绝提供服务的形式强迫用户同意，被告公司未侵害原告郭某某的个人信息权益，遂驳回原告郭某某的诉讼请求。

二、线下运营：借船出海与自起炉灶

与线上购物相比，线下购物的优势在于“即得性”，也就是商品“入眼即到手”，看到就能立刻买到，而线上购物最快也要半小时（如叮咚买菜）。所以，线下渠道是食品企业必须深耕的战场。线下渠道可分为两种：一种是借用零售终端；另一种是自建零售终端。可资借用的零售终端典型的如各类超市、便利店、个体小店等，自建的零售终端则包括直营店和加盟店。无论是借用渠道还是自建渠道，都有一定的成本。所有这些渠道构成了商业社会的血管，源源不断地为社会提供养分和活力。

借用渠道[①]时应签订完备的合同，一般是典型的买卖合同，比较

① 借用渠道时往往绕不开经销商，因为零售终端数以百万计，生产商一个一个进行对接的成本是巨大的。但这是另一个问题，此处不再赘述。

重要的条款包括商品质量、数量、价格、运输、验收、结算、知识产权保护、反商业贿赂等，其中有两点需要特别注意：

一是贮存和运输问题。作为生产者的食品企业必须随货附上检验合格证明自不待言，但有些指标在出厂检验时是合格的，但由于运输或者贮存不当，在后续的检验当中有可能变成不合格，比如过氧化值指标，过氧化值主要反映食品中油脂是否氧化变质，随着油脂氧化，过氧化值会逐步升高，虽然一般情况下不会对人体的健康产生损害，但严重时会导致肠胃不适、腹泻等症状。过氧化值超标常见于饼干、膨化食品等，其原因可能是产品用油已经变质，或者产品在运输、贮存过程中环境条件控制不当，导致油脂酸败。此外，贮存和运输环节的食品安全风险还有微生物超标、非法添加保鲜剂、交叉污染等，所以，食品企业在贮存和运输环节也要合乎规范，如果是委托第三方贮存、运输食品的，还应当对受托方的食品安全保障能力进行审核，并监督受托方按照保证食品安全的要求贮存、运输食品。而接受委托贮存、运输食品的第三方则应当如实记录委托方和收货方的名称、地址、联系方式等内容，并保存备查，否则会被处罚。①

二是反商业贿赂问题。食品行业是完全竞争行业，这也体现在对终端货架的争夺方面。食品企业可以以明示方式向渠道方支付折扣，但要如实入账。如果贿赂渠道方的工作人员以谋取交易机会或者竞争优势（如更优越的摆放位置），那就会构成商业贿赂的违法行为。贿赂的方式可以是财物，也可以是其他手段，贿赂的对象还包括受交易相对方委托办理相关事务的单位或者个人，以及利用职权或者影响力影响交易的单位或者个人。② 在国家市场监管总局和上海

① 《食品安全法》第 132 条，《食品安全法实施条例》第 25 条、第 69 条。
② 《反不正当竞争法》第 7 条。

市市场监管局公布的2022年商业贿赂不正当竞争典型案例中，均有食品行业的案例，上海某食品销售公司[①]和上海某商务发展公司[②]为获取交易机会，向交易相对方的工作人员给予财物并实际获利，最终均被处以高额罚款。

自建渠道主要适用于产品种类众多的企业，而由于不同产品需要不同的生产线，生产端的投资将是巨大的，所以这类企业一般是采用委托生产的方式进行所谓的轻资产运营，典型的例子如来伊份。在这种方式下，销售端采用连锁经营几乎是必然选择。连锁经营有开直营店和开放加盟两种方式，直营店相当于计划经济时代的门市部，由经营者直投直管（全资或控股持有），投资仍然较大，它是开放加盟的前提条件。开放加盟即特许经营模式，而特许人从事特许经营活动应当拥有至少2个直营店，并且经营时间超过1年。[③] 所谓特许经营，是指拥有注册商标、企业标志、专利、专有技术等经营资源的企业，以合同形式将其拥有的经营资源许可其他经营者使用，被特许人按照合同约定在统一的经营模式下开展经营，并向特许人支付特许经营费用的经营活动。[④] 特许人从事特许经营活动应当拥有成熟的经营模式，并具备为被特许人持续提供经营指导、技术支持和业务培训等服务的能力，[⑤] 因为这是被特许人是否加盟的决定性因素，所以特许人必须向被特许人披露相关信息，包括注册商标、企业标志、专利、专有技术和经营模式的基本情况，为被特许人持续提供经营指导、技术支持、业务培训等服务的具体内容、提供方式和实施计划，特许经营费用的种类、金额和支付方式，向被特许人

---

① 上海市普陀区市场监督管理局行政处罚决定书，沪市监普处〔2020〕072020000131号。

② 上海市普陀区市场监督管理局行政处罚决定书，沪市监普处〔2022〕072020000395号。

③ 《商业特许经营管理条例》第7条第2款。

④ 《商业特许经营管理条例》第3条第1款。

⑤ 《商业特许经营管理条例》第7条第1款。

提供产品、服务、设备的价格和条件，特许经营网点投资预算等[①]。被特许人决定加盟的，双方应当采用书面形式签订特许经营合同，然后由特许人向商务主管部门备案[②]。应当说，特许经营模式可以迅速扩大规模，但同时也对产品或者服务质量的把控提出了巨大挑战，所以特许经营合同的必备内容包括产品或者服务的质量、标准要求和保证措施，消费者权益保护和赔偿责任的承担等。饶是如此，对食品餐饮行业的连锁经营来说，食品安全文化和习惯的养成恐怕才是治标之道。

如果是保健食品，还可以采取直销的方式。[③] 所谓直销，是指直销企业招募直销员，由直销员在固定营业场所之外直接向最终消费者推销产品的经销方式。[④] 成为直销企业有一定的门槛，成为直销员也有一定的条件限制，从事直销活动还必须遵守特有的规定。比如，未经消费者同意，不得进入消费者住所强行推销产品；消费者要求其停止推销活动的，应当立即停止，并离开消费者住所；成交前要向消费者详细介绍本企业的退货制度；成交后要向消费者提供发票和由直销企业出具的含有退货制度、直销企业当地服务网点地址和电话号码等内容的售货凭证[⑤]；等等。如果说在固定营业场所进行销售是“人找货”，那么，直销可以说是“货找人”。由于直销企业支付给直销员的报酬只能按照直销员本人直接向消费者销售产品的收入计算[⑥]，从而使直销企业和直销员成为利益共同体。

无论如何，直销是真实的经营活动，产品确实卖给了消费者，

---

① 《商业特许经营管理条例》第 21 条、第 22 条。更详细规定参见《商业特许经营信息披露管理办法》(2012 年修订)(商务部令 2012 年第 2 号)。

② 《商业特许经营管理条例》第 8 条。更详细规定参见《商业特许经营备案管理办法》(2011 年修订)(商务部令 2011 年第 5 号)。

③ 《关于直销产品范围的公告》(商务部、工商总局公告 2016 年第 7 号)。

④ 《直销管理条例》(2017 年修订) 第 3 条第 1 款。

⑤ 《直销管理条例》(2017 年修订) 第 22 条。

⑥ 《直销管理条例》(2017 年修订) 第 24 条。

直销企业和直销员获得的是合法的利益。但如果以牟取非法利益为目的，层层发展下线，产品成为道具且价格畸高，那就可能滑向传销。典型的传销行为包括以下三种：一是组织者或者经营者通过发展人员，要求被发展人员发展其他人员加入，对发展的人员以其直接或者间接滚动发展的人员数量为依据计算和给付报酬（即拉人头）；二是组织者或者经营者通过发展人员，要求被发展人员交纳费用或者以认购商品等方式变相交纳费用（入门费），取得加入或者发展其他人员加入的资格；三是组织者或者经营者通过发展人员，要求被发展人员发展其他人员加入，形成上下线关系，并以下线的销售业绩为依据计算和给付上线报酬（即团队计酬）。[①] 这三种传销行为都是以牟取非法利益为目的，其本质是以销售商品为名、行金融活动之实，而且往往伴随着对被发展人员洗脑甚至对限制发展对象的人身自由，是我国严厉打击的对象。现行法律并未禁止合法的多级销售分佣，为避免“涉传”风险，应当避免“团队计酬”，即代理销售层级可不作限制，但各级代理之间的业绩和佣金提成结算相互独立；或者干脆将代理销售层级限制在二级以内（即品牌方——一级代理—二级代理），此时一级代理可享受一定比例的二级代理销售业绩提成。

此外，为了扩大销售，还可以采取发展会员和发行单用途预付卡的方式，这两种方式都可以在一定程度上锁定复购。发展会员可以免费，也可以设置一定的门槛、收取一定的费用，成为会员后能够享受购物折扣。此时的会员费与传销中的入门费有着本质区别，因为此时始终只有“企业—消费者”的单层结构，消费者的获益来源于商品的折扣而不是下线交纳的入门费（单层结构根本就没有下线）。单用途预付卡是指特定行业（仅限零售业、住宿和餐饮业、居民服务业）的企业发行的，仅限于在本企业或本企业所属集团或同

---

① 《禁止传销条例》第7条。

一品牌特许经营体系内兑付货物或服务的预付凭证，包括以磁条卡、芯片卡、纸券等为载体的实体卡和以密码、串码、图形、生物特征信息等为载体的虚拟卡。[①] 由于单用途预付卡的发行会沉淀大量资金，所以对发卡企业实行备案管理和资金用途管理（预收资金只能用于发卡企业主营业务，不得用于不动产、股权、证券等投资及借贷[②]），并实行资金存管制度。不同类型发卡企业的存管资金比例不同，存管银行负责对发卡企业资金存管比例进行监督，对超额调用存管资金的指令可予以拒绝，以保障资金安全[③]。在发行和服务方面，除了需要遵守《单用途商业预付卡管理办法（试行）》（2016 年修正）的相关规定，如果企业所在省份针对单用途预付卡制定有地方性法规或者地方政府规章，也应一并遵守。目前制定有单用途预付卡地方性法规的省（市）有上海、北京和甘肃，制定有单用途预付卡地方政府规章的省（市）有江苏。

第五节　专利与商业秘密

专利与商业秘密都具有实用性，都可以给企业带来竞争优势。专利是以公开技术内容为代价获得法律赋予的专有权，而商业秘密则必须处于非公知的状态，所以两者面临的挑战也有所不同。

---

① 《单用途商业预付卡管理办法（试行）》（2016 年修正）（商务部令 2016 年第 2 号）第 2 条。而多用途预付卡发挥的是支付功能，几乎可以代替货币，由银行负责监管。

② 《单用途商业预付卡管理办法（试行）》（2016 年修正）（商务部令 2016 年第 2 号）第 24 条。

③ 《单用途商业预付卡管理办法（试行）》（2016 年修正）（商务部令 2016 年第 2 号）第 26 条、第 27 条。

一、专利面临的挑战

我国法律所称的发明创造包括发明、实用新型和外观设计[①]，这三者要想被授予专利权，必须满足一定的否定性条件和肯定性条件。否定性条件包括：（1）不违反法律、社会公德或者妨害公共利益（仅其实施为法律所禁止时除外）；（2）不是违反法律、行政法规的规定获取或者利用遗传资源，并依赖该遗传资源完成[②]；（3）不是科学发现；（4）不是智力活动的规则和方法；（5）不是疾病的诊断和治疗方法；（6）不是动物和植物品种（动物和植物品种的生产方法除外）；（7）不是原子核变换方法以及用原子核变换方法获得的物质；（8）不是对平面印刷品的图案、色彩或者二者的结合作出的主要起标识作用的设计。[③] 而肯定性条件即三者都需要具备新颖性、创造性和实用性[④]。

新颖性："发明和实用新型的新颖性"是指该发明或者实用新型不属于现有技术，也没有任何单位或者个人就同样的发明或者实用新型在申请日以前向国务院专利行政部门提出过申请，并记载在申请日以后公布的专利申请文件或者公告的专利文件中；而"外观设计的新颖性"是指该外观设计不属于现有设计，也没有任何单位或者个人就同样的外观设计在申请日以前向国务院专利行政部门提出过申请，并记载在申请日以后公告的专利文件中。

创造性："发明的创造性"是指与现有技术相比，该发明具有突出的实质性特点和显著的进步；"实用新型的创造性"是指该实用新型具有实质性特点和进步；而"外观设计的创造性"是指该外观设

---

① 《专利法》第 2 条。
② 《专利法》第 5 条、《专利法实施细则》第 10 条。
③ 《专利法》第 25 条。
④ 《专利法》第 22 条、第 23 条。

计与现有设计或者现有设计特征的组合相比，应当具有明显区别，并且不得与他人在申请日以前已经取得的合法权利（包括就作品、商标、地理标志、姓名、企业名称、肖像，以及有一定影响的商品名称、包装、装潢等享有的合法权利或者权益[①]）相冲突。

实用性："发明和实用新型的实用性"是指该发明或者实用新型能够制造或者使用，并且能够产生积极效果；而"外观设计的实用性"是指适用于工业应用。

可以看到，从发明到实用新型再到外观设计，其创造性要求是逐步降低的。从逻辑上来说，如果具备创造性，那就必然具备新颖性，因为创造的本意就是产生一个之前没有的新生事物，如果产生一个之前就有的事物，那就不是创造，而是复制。但从法律上来说，如果一项发明创造诞生之后不及时申请专利，那就有可能被别人捷足先登，因为两个以上的申请人分别就同样的发明创造申请专利的，专利权授予最先申请的人[②]，此时在后申请的人丧失了新颖性，研发投入虽不能说是付诸东流，至少也没有达到预期的效益。虽然在他人专利申请日前已经制造相同产品、使用相同方法或者已经做好制造、使用的必要准备，那么可在原有范围内继续制造、使用，不视为侵犯专利权，但这显然不是投入资源进行研发的目的。当然，在一定条件下，可以认定某发明创造不丧失新颖性，比如，在国家出现紧急状态或者非常情况时，为公共利益目的首次公开的；在中国政府主办或者承认的国际展览会上首次展出的；在规定的学术会议或者技术会议上首次发表的；他人未经申请人同意而泄露其内容的；等等。而且，这些情形必须发生在该发明创造申请专利的申请日以前6个月内[③]。

---

① 《最高人民法院关于审理专利纠纷案件适用法律问题的若干规定》（2020年修正）（法释〔2020〕19号）第12条。

② 《专利法》第9条第2款。

③ 《专利法》第24条。

专利面临的挑战主要来自外部，即宣告无效制度。自国务院专利行政部门公告授予专利权之日起，任何单位或者个人都可以请求宣告该专利权无效，[①] 挑战的理由主要是不满足前述的否定性条件和肯定性条件。[②] 由于不满足否定性条件的情况一般会被国务院专利行政部门一开始就拒之门外，不会走到公告授予专利权这一步，而实用性的认定偏主观（不管大用小用，总归有用），所以新颖性和创造性是最集中的挑战对象。

二、商业秘密面临的挑战

商业秘密，是指不为公众所知悉、具有商业价值并经权利人采取相应保密措施的技术信息、经营信息等商业信息。[③] 所谓技术信息，是指与技术有关的结构、原料、组分、配方、材料、样品、样式、植物新品种繁殖材料、工艺、方法或其步骤、算法、数据、计算机程序及其有关文档等信息。所谓经营信息，是指与经营活动有关的创意、管理、销售、财务、计划、样本、招投标材料、客户信息（包括客户的名称、地址、联系方式以及交易习惯、意向、内容等）、数据等信息。[④] 可以看到，有些技术信息还能以其他方式进行保护，如专利权、计算机软件著作权等，食品企业可以根据具体情况选择合适的方式。经营信息中的客户信息应特别注意，如果仅以与特定客户保持长期稳定交易关系为由，主张该特定客户属于商业秘密，很可能得不到法院的支持，[⑤] 所以对客户信息务必进行整理和

---

① 《专利法》第45条。

② 《专利法实施细则》第65条第2款还规定了其他一些理由。

③ 《反不正当竞争法》第9条第4款。

④ 《最高人民法院关于审理侵犯商业秘密民事案件适用法律若干问题的规定》（法释〔2020〕7号）第1条。

⑤ 《最高人民法院关于审理侵犯商业秘密民事案件适用法律若干问题的规定》（法释〔2020〕7号）第2条。

加工，体现独特的考量和智慧。[①]

商业秘密的三要件是秘密性、实用性（或称价值性）和保密性。商业秘密的实用性包括现实的价值和潜在的价值，或多或少能够使经营者取得一定的竞争优势，所以商业秘密面临的挑战主要集中在秘密性和保密性的认定上。

秘密性即不为公众所知悉，此处的公众并不是除权利人之外的任何人，而是具有特定的范围，即权利人请求保护的信息在被诉侵权行为发生时不为所属领域的相关人员普遍知悉和容易获得的，可以认定为“不为公众所知悉”。[②] 如果在采取相应保密措施的情况下，仅是信息持有人和负有保密义务的人员等知悉，即使人数很多，也属于不为相关人员普遍知悉。当然，有些特定情形可以直接认定不具有秘密性，比如，该信息在所属领域属于一般常识或者行业惯例，该信息仅涉及产品的尺寸、结构、材料、部件的简单组合等内容且所属领域的相关人员通过观察上市产品即可直接获得，该信息已经在公开出版物或者其他媒体上公开披露，该信息已通过公开的报告会、展览等方式公开，所属领域的相关人员从其他公开渠道可以获得该信息等[③]。也就是说，虽然商业秘密不像专利那样要求较高的创新程度，但也至少要与相关领域的常识有最低限度的差异。在四川某实业公司诉绵阳某科技公司和韩某侵害技术秘密纠纷案[④]中，法院最终认定四川某实业公司所主张的相关信息不构成商业秘密，因为四川某实业公司认为属于其“商业秘密”的部分信息已在文献

---

① 《最高人民法院关于审理侵犯商业秘密民事案件适用法律若干问题的规定》（法释〔2020〕7 号）第 4 条第 2 款。

② 《最高人民法院关于审理侵犯商业秘密民事案件适用法律若干问题的规定》（法释〔2020〕7 号）第 3 条。

③ 《最高人民法院关于审理侵犯商业秘密民事案件适用法律若干问题的规定》（法释〔2020〕7 号）第 4 条第 1 款。

④ 一审：四川省成都市中级人民法院民事判决书，（2021）川 01 知民初 76 号；二审：最高人民法院民事判决书，（2021）最高法知民终 2221 号。

中公开，且相关图纸等证据表明，四川某实业公司所主张的“商业秘密”（钢球重量及相关部件的尺寸、结构、材料及连接方式等）存在于其生产的产品之中，所属领域的相关人员通过观察产品即可直接获得。

而要做到不为公众所知悉，就必须采取相应的保密措施，此即保密性，所以秘密性和保密性是一体两面。相应保密措施的认定因素包括商业秘密及其载体的性质、商业秘密的商业价值、保密措施的可识别程度、保密措施与商业秘密的对应程度以及权利人的保密意愿等[①]，只要权利人采取的保密措施能为他人所识别并达到合理的强度，这样的保密措施就可以被认为是合理的，并不苛求权利人做到天衣无缝、万无一失。而且这些措施必须在他人侵权行为发生之前就采取，否则，亡羊补牢只能被同情，难以获得赔偿。常见的保密措施可分为保密制度措施和物理隔离措施两类。

保密制度措施包括：（1）签订保密协议或者在合同中约定保密义务；（2）通过章程、培训、规章制度、书面告知等方式，对能够接触、获取商业秘密的员工、前员工、供应商、客户、来访者等提出保密要求；（3）要求离职员工登记、返还、清除、销毁其接触或者获取的商业秘密及其载体，继续承担保密义务[②]。

采取保密制度措施时应注意：第一，保密协议或保密条款应当明确涉密信息的范围及相关人员应负的保密义务，如果仅作原则性约定，比如约定“相关人员应对本单位的商业秘密承担保密义务”，则有可能不被认定为合理的保密措施。第二，保密制度相关文件的交付及培训应当保留记录，比如领取保密制度相关文件、开展保密

---

① 《最高人民法院关于审理侵犯商业秘密民事案件适用法律若干问题的规定》（法释〔2020〕7号）第5条第2款。

② 《最高人民法院关于审理侵犯商业秘密民事案件适用法律若干问题的规定》（法释〔2020〕7号）第6条。

培训时要求在签名表上签名。第三，除员工离职时进行保密审查外，员工入职时也应当审查其与前单位是否存在保密协议和竞业限制协议，以避免侵犯他人的商业秘密，而且，除对本单位员工提出保密要求外，必要时也可在披露重要商业秘密给供应商或客户时，要求供应商或客户限制其员工对该商业秘密的接触，并要求具有接触可能性的其员工出具保密承诺。在大连某数据平台管理中心诉崔某侵害技术秘密纠纷案[①]中，崔某在离职时违反保密协议，未经大连某数据平台管理中心许可，将含有涉案技术信息的文件发送至其私人电子邮箱（该邮箱并非大连某数据平台管理中心所有和控制），致使涉案技术信息脱离大连某数据平台管理中心的原始控制，面临被披露和使用的风险。[②] 一审法院认定崔某构成“以其他不正当手段获取权利人的商业秘密”的违法行为，二审法院则认定崔某构成以盗窃手段获取他人商业秘密的行为。

物理隔离措施包括：（1）对涉密的厂房、车间等生产经营场所限制来访者或者进行区分管理；（2）以标记、分类、隔离、加密、封存、限制能够接触或者获取的人员范围等方式，对商业秘密及其载体进行区分和管理；（3）对能够接触、获取商业秘密的计算机设备、电子设备、网络设备、存储设备、软件等，采取禁止或者限制使用、访问、存储、复制等措施。[③]

采取物理隔离措施时应注意以下几点：第一，对涉密区域进行区分管理的物理界限不可过低，或者过于透明，以确保无法观测到

① 一审：辽宁省大连市中级人民法院民事判决书，（2021）辽02民初174号；二审：最高人民法院民事判决书，（2021）最高法知民终1687号。

② 构成商业秘密侵权并不要求存在损害事实，商业秘密权利人只需证明对方所用的与自己的商业秘密具有一致性或实质相同以及对方有机会接触、获取自己的商业秘密即可，也即“相似加接触”原则。参见刘继峰、刘丹：《竞争法学》，中国政法大学出版社2017年版，第232、239页。

③ 《最高人民法院关于审理侵犯商业秘密民事案件适用法律若干问题的规定》（法释〔2020〕7号）第6条。

涉密区域内部的具体活动且无法从外部听清涉密区域内部人员的正常交谈为宜，外部人员参观时最好配有陪同人员，以防范可能的拍照、录音、录像等。第二，禁止通过私人电子邮件、即时通信工具等直接发送涉密文件，而应使用企业邮箱、局域网等企业指定的网络传输工具。第三，公开销售的产品载有技术秘密时，应当采取足以对抗反向工程的防护措施，防止相关人员通过拆解、测量而获悉防护措施，比如对产品采取一体化结构、拆解将破坏技术秘密的物理保护措施及其他防拆解、防观测的技术措施等。在济南某测试技术公司诉济南某机电技术公司侵害技术秘密纠纷案[①]中，涉案技术秘密的载体为济南某测试技术公司的某型号产品，济南某测试技术公司主张其采取的保密措施为设备购销合同及防拆标签。最高人民法院认为，鉴于涉案技术秘密载体为市场流通产品，属于外部性载体，济南某测试技术公司所采取的保密措施应能对抗不特定第三人通过反向工程获取其技术秘密，但济南某测试技术公司贴附在产品上的防拆标签并不构成可对抗他人反向工程的物理保密措施，因此其并未采取符合法律规定的“相应保密措施”。

还有一种情况应注意，如果是与其他主体共有某商业信息，则各主体都应采取相应的保密措施，如果某个共有人未采取保密措施将导致该共有信息缺乏保密性，从而不被认定为商业秘密。[②]

---

① 一审：山东省济南市中级人民法院民事判决书，（2019）鲁01民初2279号；二审：最高人民法院民事判决书，（2020）最高法知民终538号。

② 在（2017）最高法民申1602号案件中，最高人民法院认为，在涉案信息共有的状态下，各共有人采取的保密措施不能相互替代，即使某一共有人采取了合理的保密措施，也不能当然视为其他共有人已采取了合理的保密措施。

第四章

食品企业的应急管理

食品企业在经营过程中需要处理各种各样的关系，有些关系属于内部性质的，比如与股东、管理层、员工的关系；有些关系属于外部性质的，比如与供应商、经销商、消费者、政府部门（主要是市场监管部门）的关系。其中，食品企业尤应注意处理与消费者和市场监管部门的关系，避免引发不利舆情，对企业声誉造成负面影响。

第一节　投诉举报的应对

一、应对投诉举报的原则

消费者享有安全保障权、知情权、自主选择权、公平交易权、维护尊严权等多种权益。消费者和经营者发生消费者权益争议后，解决途径也有多种，比如经营者和消费者进行和解，消费者协会或者依法成立的其他调解组织进行调解，消费者向有关行政部门投诉、向仲裁机构提请仲裁或者向人民法院提起诉讼等[①]。而市场监管领域的举报是指自然人、法人或者其他组织向市场监督管理部门反映经营者涉嫌违反市场监督管理法律、法规、规章线索的行为。[②] 投诉的事项肯定与投诉人相关，举报的事项则不然，因为举报的本质是“路见不平、拔刀相助”。《最高人民法院行政法官专业会议纪要（六）（投诉领域）》第1条也指出，公民、法人或者其他组织认为第三人实施的违法行为侵犯自身合法权益，请求行政机关依法查处的，属于“投诉”。投诉人与行政机关对其投诉作出或者未作出处理的行为有法律上的利害关系。公民、法人或者其他组织认为第三人实施的违法行为侵犯他人合法权益或者国家利益、社会公共利益，请求行政机关依法查处的，属于“举报”。举报人与行政机关对其举

---

① 《消费者权益保护法》第39条。

② 《市场监督管理投诉举报处理暂行办法》（2022年修正）（国家市场监督管理总局令第61号）。

报作出或者未作出处理的行为无法律上的利害关系。①

产生投诉举报的根本原因是双方对争议事实的立场不同，投诉人的立场是自己的权益受到了侵害，举报人的立场是经营者违反了相关法律、法规、规章，而经营者的立场与投诉举报人相反。但经营者不能泛泛地进行否认，而是要有事实依据和法律依据，应对投诉举报的一般原则就是“以事实为依据，以法律为准绳”，经营者应当围绕争议事实全面收集证据并进行法律检索，有理有据地与投诉举报人或行政机关交涉。如果责任确实在经营者，应尽量达成和解，避免事态扩大。如果认为责任不在经营者，则要表明立场。

二、惩罚性赔偿与职业索赔

实践中，投诉事项并不总是非黑即白，特别是食品领域的惩罚性赔偿制度建立以来，相伴而生的职业索赔群体往往穷尽所有途径进行索赔，给食品企业带来困扰，因为对于职业索赔人而言，一旦索赔成功，其收益将十分可观。

惩罚性赔偿是与补偿性赔偿相对应的一种赔偿制度，与后者相比，其目的和功能不在于填补损失，而在于惩罚和制裁。惩罚性赔偿是民事责任的例外和补充，必须有立法的规定。我国食品领域的惩罚性赔偿制度规定在《食品安全法》第 148 条第 2 款，“生产不符合食品安全标准的食品或者经营明知是不符合食品安全标准的食品，消费者除要求赔偿损失外，还可以向生产者或者经营者要求支付价款十倍或者损失三倍的赔偿金；增加赔偿的金额不足一千元的，为一千元。但是，食品的标签、说明书存在不影响食品安全且不会对

---

① 虽然在最高人民法院官方网站搜索不到 8 个《最高人民法院行政法官专业会议纪要》，但（2020）最高法行申 807 号行政裁定书中直接引用了《最高人民法院行政法官专业会议纪要（八）》第 6 条进行说理，可以认为最高人民法院间接确认了这 8 个会议纪要的真实性。

消费者造成误导的瑕疵的除外”。此外，《消费者权益保护法》规定的消费欺诈的惩罚性赔偿[①]也适用于食品领域，而当食品领域惩罚性赔偿和消费欺诈惩罚性赔偿竞合时，消费者可以选择其一进行主张，[②] 不能二者同时主张。此处笔者只讨论《食品安全法》的惩罚性赔偿。[③]

（一）职业索赔人的挑战方向

职业索赔人主张十倍惩罚性赔偿，一般是从两个方面发起挑战，一方面是仅凭观察就能发现的问题，另一方面是需经检测才能发现的问题。仅凭观察就能发现的问题主要来自食品标签、说明书，职业索赔人往往对照《食品安全国家标准　预包装食品标签通则》（GB 7718－2011）、《食品安全国家标准　预包装食品营养标签通则》（GB 28050－2011）、《食品安全国家标准　食品添加剂标识通则》（GB 29924－2013）以及具体食品的标准要求在线下商超进行查找比对，或者在线上浏览产品详情页以发现问题。进阶一点的会观察配料中是否有禁用物质、新资源食品是否标注食用要求、进口食品是否来源于禁止进口的国家或地区（典型的如受日本福岛核泄

---

① 《消费者权益保护法》第 55 条第 1 款规定：“经营者提供商品或者服务有欺诈行为的，应当按照消费者的要求增加赔偿其受到的损失，增加赔偿的金额为消费者购买商品的价款或者接受服务的费用的三倍；增加赔偿的金额不足五百元的，为五百元。法律另有规定的，依照其规定。”

② 《最高人民法院关于审理食品安全民事纠纷案件适用法律若干问题的解释（一）》（法释〔2020〕14 号）第 7 条。

③ 食品企业应注意，免费赠送的食品发生质量安全问题，也有可能承担 10 倍惩罚性赔偿。一方面，这有相应的司法解释依据，即《最高人民法院关于审理食品药品纠纷案件适用法律若干问题的规定》（2021 年修正）（法释〔2021〕17 号）第 4 条；另一方面，实践中也已经有类似的案例，比如北京市怀柔区人民法院民事判决书，（2022）京 0116 民初 4504 号。

漏事故影响的地区[①]）等。

案例 4.1 未标注新资源食品的食用要求被判10倍赔偿[②]

王某通过淘宝网从昆明某食品经营部购买若干“云南特产云牌褚橙庄园玛咖酒”，该商品无保健食品标识，瓶身上标签显示为“褚橙庄园玛咖酒”，配料中载明“纯净水、优质高粱酒、玛咖、松茸酒”。王某认为，案涉商品未标注“玛咖粉”的不适宜人群和食用限量，不符合原卫生部《关于批准玛咖粉作为新资源食品的公告》（2011年第13号）的相关规定，为不符合食品安全标准的食品，故诉请昆明某食品经营部退还货款，并承担货款10倍的赔偿责任。

两审法院均认为，根据2017年12月26日修订的《新食品原料安全性审查管理办法》规定，食品中含有新食品原料的，其产品标签标识应当符合国家法律、法规、食品安全标准和国家卫生计生委公告要求。案涉商品的包装上未标明添加玛咖的具体含量、食用限量及不适宜人群，违反上述规定，可能直接影响消费者对玛咖的摄入量，易造成不适宜人群不慎摄入，从而对人体健康产生危害，属于不符合食品安全标准的食品，王某要求退还货款并支付货款10倍赔偿的诉请应予支持。

---

① 2011年4月8日，《关于进一步加强从日本进口食品农产品检验检疫监管的公告》（国家质量监督检验检疫总局公告2011年第44号）载明，自即日起，禁止从日本福岛县、群马县、栃木县、茨城县、宫城县、山形县、新潟县、长野县、山梨县、琦玉县、东京都、千叶县等12个都县进口食品、食用农产品及饲料。2011年6月13日，国家质量监督检验检疫总局又发布《关于调整日本输华食品农产品检验检疫措施的通知》（国质检食函〔2011〕411号），规定自通知下发之日起，允许日本山梨县、山形县两个县2011年5月22日后生产的符合我国要求的食品、食用农产品和饲料进口。这两个公告至今有效。

② 一审：上海市长宁区人民法院民事判决书，（2019）沪0105民初12156号；二审：上海市第一中级人民法院民事判决书，（2020）沪01民终2716号。

需经检测才能发现的问题，主要是营养成分含量的实测值超出《食品安全国家标准　预包装食品营养标签通则》（GB 28050－2011）允许的误差范围以及其他特定指标的实测值不符合食品安全标准。普通消费者观察食品，一般也就看该食品是否超过保质期，再从食品外观上看该食品是否能吃，所以说，职业索赔人向食品企业发起挑战的两方面问题超出了大部分普通消费者的认知范围，没有一定的专业知识较难发现，这也是称其为“职业”索赔人的原因之一。

（二）食品企业的抗辩方向

食品企业可以提出的抗辩理由包括标签瑕疵、非明知、恶意索赔、未造成人身损害等，但食品企业应该明白，这些理由并非总能得到支持。

1. “标签瑕疵”抗辩

主张构成“标签瑕疵”需要具备两个条件，即不影响食品安全且不会对消费者造成误导（此处的误导也应限定于食品安全方面的误导）。2022 年 3 月 15 日起施行的《食品生产经营监督检查管理办法》（国家市场监督管理总局令第 49 号）在第 37 条第 2 款以“原则＋列举”的方式对“标签瑕疵”的认定作出了规定，其原则是综合考虑标注内容与食品安全的关联性、当事人的主观过错、消费者对食品安全的理解和选择等因素。列举的属于“标签瑕疵”的具体情形包括：（1）文字、符号、数字的字号、字体、字高不规范，出现错别字、多字、漏字、繁体字，或者外文翻译不准确以及外文字号、字高大于中文等的；（2）净含量、规格的标示方式和格式不规范，或者对没有特殊贮存条件要求的食品，未按照规定标注贮存条件的；（3）食品、食品添加剂以及配料使用的俗称或者简称等不规范的；（4）营养成分表、配料表顺序、数值、单位标示不规范，或者营养成分表数值修约间隔、“0”界限值、标示单位不规范的；（5）对有证据证明未实际添加的成分，标注了“未添加”，但未按照规定标示具体含量的；（6）国家市场监督管理总局认定的其他情节轻微，不影响食品安全，没有故意误导消费者的情形。此处兜底条款说的是由国家市场监督管理总局来认定其他的标签瑕疵情形，而在司法程序中则是由法院来认定。

案例 4.2 未标注产品等级属于标签瑕疵①

陈某在某超市购买“时选果汁味牛肉脯”1件，价格29.9元，该产品外包装标识的产品标准号为GB/T 31406，未标注肉脯等级，陈某认为，由于《预包装食品标签通则》4.1.11.4规定“食品所执行的相应产品标准已明确规定质量（品质）等级的，应标示质量（品质）等级”，某超市经营未标注肉脯等级的案涉产品之行为构成《食品安全法》第34条第13项所述的违法行为，故诉请退还货款并赔偿1000元。某超市答辩称该产品没有质量问题，没有标注肉脯的等级仅是标签瑕疵。

两审法院均认为，本案的争议焦点为产品标签上未标注肉脯等级是否属于“不影响食品安全且不会对消费者造成误导的瑕疵”。案涉产品执行标准GB/T 31406－2015《肉脯》5.5规定肉脯分为特级、优级、普通级，划分依据是食品理化指标的不同，同时该标准8.1.1规定“预包装标签应符合GB 7718和GB 28050的规定”。本案中，案涉产品应当标注等级却未标注，但该食品不同理化指标不会对食品安全造成影响，不会对消费者形成误导，属于商品标签瑕疵。故陈某要求退款的诉讼请求，于法有据，但陈某要求赔偿1000元的诉讼请求，不予支持。

---

① 一审：北京市朝阳区人民法院民事判决书，（2018）京0105民初34828号；二审：北京市第三中级人民法院民事判决书，（2019）京03民终5144号。

2. “非明知”抗辩

该抗辩理由仅适用于食品经营者，不适用于食品生产者，因为该抗辩与食品经营者的进货查验义务密切相关。该抗辩的成立需要满足以下三个条件：一是履行了进货查验义务；二是能够如实说明进货来源；三是有充分证据证明不知道所采购的食品不符合食品安全标准。[①] 履行了进货查验义务，指的是查验供货者的许可证和食品出厂检验合格证或者其他合格证明。能够如实说明进货来源，指的是食品经营者能够提供采购合同、采购单据、供货者送货单据等资料，能够说明供货者名称、地址、联系方式等信息，且经查证属实。如果根据这些信息无法找到供货者，则属于无法说明进货来源。有充分证据证明不知道所采购的食品不符合食品安全标准，指的是食品经营者通过常规手段（观察食品的外包装或者食品的感官性状）很难发现其经营的食品存在安全问题，其经营的食品不符合食品安全标准是其预料之外和判定能力之外的事情。符合上述条件的，行政责任上可以免予行政处罚，但应当依法没收不符合食品安全标准的食品，民事责任上可以不用十倍赔偿，但应当退货退款，造成人身、财产或者其他损害的，依法承担赔偿责任。

案例 4.3　欧尚超市所售坚果脂肪含量实测值与标注值不符系列案[②]

四川、北京两地多家欧尚超市被诉至法院，作为原告的消费者

① 《食品安全法》第 136 条。

② 此处仅列高级人民法院部分再审案号：（2018）川民申 5909 号，（2018）川民申 5910 号，（2018）川民申 5912 号，（2018）川民申 5913 号，（2019）川民再 669 号，（2019）京民再 197 号，（2018）京民申 3457 号，（2019）京民再 196 号，（2019）京民再 198 号。

声称，其在欧尚超市所购坚果的脂肪含量实际检测出来的数值与标签上标注的数值，两者的误差超出了《食品安全国家标准　预包装食品营养标签通则》（GB 28050－2011）规定的误差范围，欧尚超市构成“经营明知是不符合食品安全标准的食品”行为，应该承担货款10倍的惩罚性赔偿。

ULAWYER团队接受欧尚超市的委托，提出答辩称，食品经营者的进货查验义务应当是形式审查，而非实质审查，因为脂肪含量是否符合国家标准，需要经过专业的检测才能得出准确的结论，在食品生产者已经提供食品合格证明文件后，食品经营者也就没有重新进行检测的义务。欧尚超市查验了食品生产厂家的许可证和食品出厂的合格证明文件，已经履行了进货查验义务，对于标注的脂肪含量与实际含量不一致并不知情，所以不能认定欧尚超市属于“经营明知是不符合食品安全标准的食品”行为。该系列案件一直从基层人民法院打到高级人民法院，最终两地高级人民法院均采纳了ULAWYER团队的意见。

既然“非明知”抗辩的成立需要同时满足上述三个条件，那么，只要缺少其中之一就构成“明知”，比如未依法履行进货查验义务，未能提供所售食品的合法进货来源。此外，可以认定构成“明知”的情形还包括：已过食品标明的保质期但仍然销售，以明显不合理的低价进货且无合理原因，虚假标注、更改食品生产日期、批号，转移、隐匿、非法销毁食品进销货记录或者故意提供虚假信息，等等①。

3. “恶意索赔”抗辩

如果仅主张索赔人知假买假，不具有消费者的身份，一般较难

---

①《最高人民法院关于审理食品安全民事纠纷案件适用法律若干问题的解释（一）》（法释〔2020〕14号）第6条。

获得支持，因为最高人民法院指导案例23号（即孙银山诉南京欧尚超市有限公司江宁店买卖合同纠纷案①）已经表明了司法机关的态度。该案生效裁判认为，消费者是相对于销售者和生产者的概念，只要在市场交易中购买、使用商品或者接受服务是为了个人、家庭生活需要，而不是为了生产经营活动或者职业活动需要的，就应当认定为“为生活消费需要”的消费者。孙银山并未将所购商品用于再次销售经营，欧尚超市江宁店也未提供证据证明其购买商品是为了生产经营，因此欧尚超市江宁店认为孙银山“买假索赔”从而不是消费者的抗辩理由不能成立。

2013年12月23日，最高人民法院公布《关于审理食品药品纠纷案件适用法律若干问题的规定》（法释〔2013〕28号），其第3条规定：“因食品、药品质量问题发生纠纷，购买者向生产者、销售者主张权利，生产者、销售者以购买者明知食品、药品存在质量问题而仍然购买为由进行抗辩的，人民法院不予支持。”该司法解释虽历经2020年和2021年两次修正，但第3条的内容始终没变。② 最高人民法院指导案例23号发布于2014年1月26日，似乎与该司法解释的发布相配合。

不可否认的是，有的职业索赔人已经走偏，比如通过“夹带”“调包”“造假”“冒充异物”等手段进行不实投诉举报，进而实施敲诈勒索等违法犯罪行为。近年来，有些地方出台了应对职业索赔的文件③，试图明确职业索赔的认定标准，实施分类管理，鼓励公益

① 案号为（2012）江宁开民初字第646号，载最高人民法院官网，https://www.court.gov.cn/shenpan-xiangqing-13326.html，最后访问日期：2023年2月28日。

② 该司法解释目前的文号是法释〔2021〕17号。

③ 比如《佛山市禅城区市场监督管理局关于印发〈关于规范处置滥用投诉、恶意举报行为的暂行规定〉的通知》（禅市监消〔2023〕7号）、《宜春市人民政府印发〈宜春市关于规范职业投诉举报行为 营造“四最”一流营商环境的实施办法〉的通知》（宜府发〔2022〕18号）、《宁德市市场监督管理局关于印发〈处置恶意投诉举报行为暂行规定〉的通知》（宁市监〔2021〕195号）等。

性职业举报行为，严厉打击投诉举报过程中存在的涉嫌敲诈勒索、诈骗等行为。食品企业可以参照这些文件载明的认定标准提出“恶意索赔”抗辩，比如购买商品明显超出合理消费数量、短期内提起多个同类诉讼、即买即退、胁迫或者变相胁迫经营者让步等。在姬某诉潍坊某商贸公司信息网络买卖合同纠纷案[①]中，姬某以潍坊某商贸公司销售的某日本品牌威士忌无中文标签，且日文标签标注的生产地千叶县为我国禁止进口食品的地区为由，诉请退货退款和十倍赔偿。潍坊某商贸公司抗辩称，姬某短时间内在全国多地法院提起十余起信息网络买卖合同纠纷诉讼，主观上是为了牟利，而不是食用，已不是法律意义上的消费者，其诉请应予驳回。最终法院采纳了潍坊某商贸公司的意见，仅支持退货退款，未支持十倍赔偿。

4. “未造成人身损害”抗辩

职业索赔人起诉到法院，案由往往是“买卖合同纠纷”或者“产品责任纠纷”。就一般的法理而言，前者无须证明对方有过错，只要交付的标的物不符合合同约定或者法律规定，就应该承担赔偿责任。而后者是侵权责任，不仅要证明对方存在过错，而且要证明存在损害后果，以及侵权行为与损害后果之间的因果关系。虽然《最高人民法院关于审理食品安全民事纠纷案件适用法律若干问题的解释（一）》第10条规定：“食品不符合食品安全标准，消费者主张生产者或者经营者依据食品安全法第一百四十八条第二款规定承担惩罚性赔偿责任，生产者或者经营者以未造成消费者人身损害为由抗辩的，人民法院不予支持。”但实践中仍有法院以未证明存在人身损害、不符合产品责任构成要件为由，不支持惩罚性赔偿的诉请。[②]

---

① 山东省潍坊高新技术产业开发区人民法院民事判决书，（2022）鲁0791民初744号。

② 比如，陕西省陇县人民法院（2022）陕0327民初763号、山东省青岛市中级人民法院（2022）鲁02民终4999号、山东省青岛市中级人民法院（2023）鲁02民终1603号等。

（三）对职业索赔的再认识

社会共治是我国食品安全工作的原则之一[①]，消费者是社会共治的重要主体，而且每个人都是消费者，没人希望自己吃下去的东西是问题食品。与数量庞大的食品生产经营者相比，政府监管人员的数量明显不足，虽说食品生产经营者是食品安全的第一责任人，但完全寄希望于生产经营者的自觉也不现实，有时候并非生产经营者不自觉，而是其水平确实达不到，所以，消费者的投诉举报是违法线索不可或缺的重要来源，这也是另一种意义上的“人民战争”。

平心而论，合规经营的食品企业根本无须忌惮投诉举报，只有那些存心违规的从业者才会视投诉举报为“眼中钉”，把职业索赔一网打尽不会提升我国的食品安全水平。对待职业索赔，应该运用政策和法律手段，引导其发挥积极作用。首先，投诉举报应真实，通过“夹带”“调包”“造假”“冒充异物”等方式索赔以及长期多次进行不实举报，以不再骚扰企业正常经营为要挟，要求企业支付“好处费”“顾问费”等行为，一经发现，应及时移交公安机关。其次，投诉举报应适量，多次购买同一问题食品进行索赔，就算第一次购买是被误导，其后的购买肯定不存在误导，而是故意扩大自己的损失，同时也反映了其牟利的目的，此时，司法机关应仅支持首单的惩罚性赔偿。[②] 最后，行政和司法机关加强联动，无论职业索赔

---

① 《食品安全法》第3条。

② 实践中已经有此案例。在（2021）最高法民申5274号陈某与某食品公司等产品责任纠纷案中，陈某认为，（2020）桂民终1353号民事判决支持了其惩罚性赔偿的诉请，但（2020）桂民终1354号民事判决却驳回了其惩罚性赔偿的诉请，故对（2020）桂民终1354号民事判决申请再审。最高人民法院认为，根据《食品安全法》规定惩罚性赔偿的立法精神分析，在短时间内购买相同或相似的若干件商品并分别提起诉讼的，实质上是一种拆分诉讼的行为，以期获得多份惩罚性赔偿，有违诚实信用原则。陈某主张的惩罚性赔偿已经在（2020）桂民终1353号判决中得到支持，故（2020）桂民终1354号判决不再支持陈某惩罚性赔偿的诉请并无不当。ULAWYER团队在该案中代理某食品公司。

人在提起诉讼的同时是否向市场监管部门投诉举报，司法机关都应及时通报市场监管部门，由市场监管部门对案涉食品进行检查，发现有问题的不得进入流通环节。

第二节　行政处罚的应对

食品企业与市场监管部门的接触包括平时的日常检查、抽检监测和出了问题之后的责任约谈、行政调查等，尤其应注意行政调查，因为调查之后往往接下来就是行政处罚。市场监管部门行政处罚的普通程序包括线索核查、立案、调查、告知、听证、法制审核、决定、执行等环节，不同阶段的应对重点有所不同（简易程序在此不作讨论）。如果涉及不安全食品，还要及时进行召回，并妥善应对舆情。

一、处罚作出前：积极配合，用尽权利

市场监管部门对依据监督检查职权或者通过投诉、举报、其他部门移送、上级交办等途径发现的违法行为线索，应当自发现线索或者收到材料之日起15个工作日内进行核查，并由负责人决定是否立案；特殊情况下，核查期限可以延长15个工作日。[①] 核查线索主要是看是否有证据“初步”证明存在违法行为，如果发现属于可以不立案的情形，比如，当事人违法行为轻微并及时改正，没有造成危害后果；或者当事人是初次违法且危害后果轻微并及时改正；或

① 《市场监督管理行政处罚程序规定》（2022年修正）（国家市场监督管理总局令第61号）第18条第1款。

者当事人有证据足以证明没有主观过错等情形，是可以不立案的。[①]也就是说，在线索核查阶段，如果市场监管部门与食品企业联系，食品企业可以提交证据证明自己满足“轻微不罚”、“首违不罚”或者“无错不罚”的条件，以争取不立案。

如果没能争取到不立案，所收集的证明己方满足“轻微不罚”、“首违不罚”或者“无错不罚”的证据可以留作后用，同时，食品企业仍应积极配合市场监管部门的调查。市场监管部门的调查方法包括现场检查、询问当事人、要求当事人限期提供材料、抽样取证、先行登记保存、查封、扣押等。当然，市场监管部门调查取证时应遵循一定的行为规范，比如，办案人员不得少于两人，应当主动向当事人或者有关人员出示执法证件，首次向当事人收集、调取证据的，应当告知当事人享有陈述权、申辩权以及申请回避的权利等。[②]

案件调查终结后，市场监管部门会书面告知当事人拟作出的行政处罚内容以及事实、理由、依据，并告知当事人享有陈述权、申辩权。拟作出的行政处罚属于听证范围的，还会告知当事人有要求听证的权利。[③] 属于听证范围的行政处罚是较重的处罚，包括责令停产停业、责令关闭、限制从业，降低资质等级、吊销许可证件或者营业执照，较大数额罚没款（自然人 1 万元以上，法人和其他组织 10 万元以上）等[④]。此时应特别注意，行使陈述、申辩权和要求听证是有时限的，即收到告知书之日起 5 个工作日内，过期视为放弃，

---

① 《市场监督管理行政处罚程序规定》（2022 年修正）（国家市场监督管理总局令第 61 号）第 20 条第 1 款。法律、行政法规规定违法行为的构成不以当事人具备主观过错的除外。

② 《市场监督管理行政处罚程序规定》（2022 年修正）（国家市场监督管理总局令第 61 号）第 21 条、第 22 条。

③ 《市场监督管理行政处罚程序规定》（2022 年修正）（国家市场监督管理总局令第 61 号）第 57 条第 1 款。

④ 《市场监督管理行政处罚听证办法》（2021 年修正）（国家市场监督管理总局令第 42 号）第 5 条第 1 款。

所以，无论如何也要抓住机会进行陈述、申辩、听证，况且听证是不收费的，也不必担心会因此招致更重的处罚。

陈述、申辩、听证应围绕事实认定、法律适用和处罚裁量对行政机关提出质疑，并提出己方的证据和依据，包括之前所收集的证明己方满足“轻微不罚”、“首违不罚”或者“无错不罚”的证据，以及其他从轻或者减轻处罚的证据，比如主动消除或者减轻违法行为危害后果，受他人胁迫或者诱骗实施违法行为，主动供述行政机关尚未掌握的违法行为，配合行政机关查处违法行为有立功表现等。[①] 近年来，为贯彻落实国务院关于持续推进“放管服”改革的工作要求，全国多地[②]市场监管部门陆续出台了违法行为容错纠错清单、免罚减罚清单、包容审慎监管清单等相关政策文件，有的地方（如扬州、南昌）甚至专门就食品安全领域出台免罚减罚清单，食品企业可以充分利用这些文件，寻求对己方有利的处理结果。

二、处罚作出后：复议诉讼，坚持到底

如果行政处罚最终仍然作出，食品企业还不服的话，应该尽快申请行政复议或者提起行政诉讼，虽然复议、诉讼期间，行政处罚不停止执行，但加处罚款的数额在复议、诉讼期间是不计算的。[③] 申请行政复议的时限是收到行政处罚决定书之日起 60 日，提起行政诉讼的时限是收到行政处罚决定书之日起 6 个月，虽然不服行政复议决定的，仍然可以在收到行政复议决定书之日起 15 日内提起行政诉讼，但从各方面成本考虑，建议不申请行政复议，直接提起行政诉讼。

---

① 《行政处罚法》第 32 条。

② 比如北京、上海、天津、浙江、江苏、安徽、湖北、山东、山西、内蒙古、辽宁、四川、甘肃、贵州、海南、宁夏、沈阳、成都、石家庄、广州、深圳、珠海、中山、潮州、福州、厦门、三明等。

③ 虽然加处罚款的数额最多也就是罚款的数额，但能少算一点是一点。

复议、诉讼过程中，除了继续围绕事实认定、法律适用和处罚裁量提出己方的证据和依据外，还要注意行政机关在办案程序方面是否有疏漏，比如，重大案件是否经过法制审核，初次从事行政处罚决定法制审核的人员是否通过国家统一法律职业资格考试取得法律职业资格等。在毛某与韶山市自然资源局资源行政管理案[①]中，韶山市自然资源局对毛某作出责令退还非法占用土地、限期拆除非法占用土地上建筑物的行政处罚。从事该案审核的人员系初次从事行政处罚决定的审核工作，但其未通过国家统一法律职业资格考试取得法律职业资格。二审法院就此认为，该人员不具有对行政处罚决定进行审核的资格，韶山市自然资源局作出的案涉行政处罚决定违反法定程序，判决撤销。

前面提到不建议申请行政复议，而是直接提起行政诉讼，有一个重要原因是《最高人民法院关于适用〈中华人民共和国行政诉讼法〉的解释》（法释〔2018〕1号）第135条第3款的存在。该款规定："复议机关作共同被告的案件，复议机关在复议程序中依法收集和补充的证据，可以作为人民法院认定复议决定和原行政行为合法的依据。"该条款明显违背了行政法中的"案卷主义"原则。所谓"案卷主义"原则，是指行政机关只能以行政案卷为依据作出行政行为，司法机关也只能以行政案卷为依据对行政行为进行司法审查，行政案卷之外的证据，即使能够证明案件事实，也应当予以排除。也就是说，行政机关只能用彼时的证据证明彼时的行为，不能是收集了一些证据作出行政行为后，感觉意犹未尽，又去收集证据来证明自己先前行政行为的正确性，这样做会让行政行为沦为儿戏，严重损害行政机关的公信力。"案卷主义"规则在我国行政复议、行政

---

① 一审：湖南省湘潭市雨湖区人民法院行政判决书，（2020）湘0302行初21号；二审：湖南省湘潭市中级人民法院行政判决书，（2020）湘03行终125号。

诉讼的立法和司法解释中多有体现[①]，但根据《最高人民法院关于适用〈中华人民共和国行政诉讼法〉的解释》第135条第3款的规定，原来违法的行政行为经过复议机关收集和补充证据，变成了合法的行政行为。在本书第一章的案例1.11中，复议机关东莞市政府接受被申请人东莞市市场监管局提交的修改后的复检报告，这明显违背了案卷主义规则。如果该案直接提起行政诉讼，结果有可能不同。

三、处罚履行后：及时整改，修复信用

如果市场监管部门的行政处罚决定经得起司法审查，作为被处罚对象的企业还是尽快履行处罚为好，因为市场监管部门会将行政处罚决定的相关信息记录于国家企业信用信息公示系统，并向社会公示，仅受到通报批评或者较低数额罚款的行政处罚信息公示3个月，其他行政处罚信息公示3年。[②] 行政处罚信息公示肯定不算好事，毕竟是违法违规行为，但也无须太过担心，因为市场监管部门还配套有信用修复政策。食品领域的行政处罚信息公示满一年，当事人已经自觉履行行政处罚决定中规定的义务，主动消除危害后果和不良影响，未因同一类违法行为再次受到市场监管部门行政处罚，

---

① 《行政复议法》第24条规定："在行政复议过程中，被申请人不得自行向申请人和其他有关组织或者个人收集证据。"《行政诉讼法》第35条规定："在诉讼过程中，被告及其诉讼代理人不得自行向原告、第三人和证人收集证据。"第40条规定："人民法院……不得为证明行政行为的合法性调取被告作出行政行为时未收集的证据。"《最高人民法院关于行政诉讼证据若干问题的规定》（法释〔2002〕21号）第60条第1项规定："下列证据不能作为认定被诉具体行政行为合法的依据：（一）被告及其诉讼代理人在作出具体行政行为后或者在诉讼程序中自行收集的证据……"第61条规定："复议机关在复议程序中收集和补充的证据……不能作为人民法院认定原具体行政行为合法的依据。"值得注意的是，《最高人民法院关于行政诉讼证据若干问题的规定》第61条的内容与《最高人民法院关于适用〈中华人民共和国行政诉讼法〉的解释》第135条第3款的内容相反。

② 《市场监督管理行政处罚信息公示规定》（国家市场监督管理总局令第45号）第2条第1款、第13条第1款。

且未在经营异常名录和严重违法失信名单中，可以申请信用修复①，也就是提前停止公示（从3年缩短到1年）。上海市市场监管局进一步出台政策，规定可以进行在线修复，即行政处罚信息信用修复申请人只需向国家企业信用信息公示系统或信用中国（上海）网站提交一次申请，符合修复条件的，两个平台同步停止公示行政处罚信息。②

四、食品召回与舆情应对

食品召回制度的对象是不安全食品。不安全食品是指食品安全法律法规规定禁止生产经营的食品以及其他有证据证明可能危害人体健康的食品。③ 食品生产经营者作为食品安全第一责任人，自然要履行不安全食品的停止生产经营、召回和处置义务。

根据食品安全风险的严重和紧急程度，食品召回分为三级。食用后已经或者可能导致严重健康损害甚至死亡的为一级，食品生产者应当在知悉食品安全风险后24小时内启动召回；食用后已经或者可能导致一般健康损害的为二级，食品生产者应当在知悉食品安全风险后48小时内启动召回；标签、标识存在虚假标注的为三级，食品生产者应当在知悉食品安全风险后72小时内启动召回。④ 无论哪一级，都必须向属地的市场监管部门报告召回计划，并发布召回公告。不安全食品没有跨省销售的话，召回公告要在省级市场监管部门网站和省级主要媒体上发布。不安全食品如果跨省销售，则要在

---

① 《市场监管总局关于印发〈市场监督管理信用修复管理办法〉的通知》（国市监信规〔2021〕3号）第6条。

② 《上海市市场监督管理局关于印发〈上海市市场监督管理局关于完善信用体系建设支持企业高质量发展的若干措施〉的通知》（沪市监信用〔2022〕19号）。

③ 《食品召回管理办法》（2020年修订）（国家市场监督管理总局令第31号）第2条第1款。

④ 《食品召回管理办法》（2020年修订）（国家市场监督管理总局令第31号）第13条。

国家市场监管总局网站和中央主要媒体上发布。① 如果不安全食品是食品经营者的原因造成，食品经营者在召回公告中应当特别注明系因其自身原因导致食品出现不安全问题。②

召回之后，对违法添加非食用物质、腐败变质、病死畜禽等严重危害人体健康和生命安全的不安全食品，应当立即就地销毁。不具备就地销毁条件的，可由不安全食品生产经营者集中销毁处理。③对因标签、标识等不符合食品安全标准而召回的食品，食品生产者可以在采取补救措施且能保证食品安全的情况下继续销售，销售时应当向消费者明示补救措施。④

无论是投诉举报、行政处罚还是启动召回，都可能引发舆论关注。应对舆论应遵循“速报事实、慎报原因、重报态度、再报进展”的基本原则。速报事实即第一时间发布信息，尽量提供有利的细节，一定要说真话，争取舆论主动，否则一旦谣言四起，扭转公众印象的难度会非常大。慎报原因即不要过快、过早地给事件定性，尽量避免给公众造成急于推卸责任的印象。重报态度即着重体现处理事件积极而又诚恳的态度，通过互动和沟通，安抚公众情绪，争取获得公众的理解。再报进展即当事件有了新的进展，务必及时更新，回应公众关切，展示自己有始有终、认真负责的形象。

---

① 《食品召回管理办法》(2020 年修订)(国家市场监督管理总局令第 31 号)第 17 条。

② 《食品召回管理办法》(2020 年修订)(国家市场监督管理总局令第 31 号)第 20 条。

③ 《食品召回管理办法》(2020 年修订)(国家市场监督管理总局令第 31 号)第 24 条。

④ 《食品召回管理办法》(2020 年修订)(国家市场监督管理总局令第 31 号)第 25 条。

参考文献

1. 全国人大常委会法制工作委员会编：《中华人民共和国食品安全法释义》，法律出版社 2015 年版。

2. 全国人大常委会法制工作委员会编：《中华人民共和国农产品质量安全法释义》，法律出版社 2006 年版。

3. 食品安全国家标准审评委员会秘书处编著：《食品安全国家标准常见问题解答》，中国质检出版社、中国标准出版社 2016 年版。

4. 吴汉东主编：《知识产权法》，法律出版社 2014 年版。

5. 陈学军、丁伟主编：《〈上海市反不正当竞争条例〉释义》，中国工商出版社 2021 年版。

6. 刘继峰、刘丹：《竞争法学》，中国政法大学出版社 2017 年版。

附　录

本书涉及的法律、法规、规章及规范性文件汇总

1.《中华人民共和国食品安全法》

2.《国家卫生健康委关于印发〈按照传统既是食品又是中药材的物质目录管理规定〉的通知》（国卫食品发〔2021〕36 号）

3.《卫生部关于进一步规范保健食品原料管理的通知》（卫法监发〔2002〕51 号）

4.《国家卫生健康委员会、国家市场监督管理总局关于当归等 6 种新增按照传统既是食品又是中药材的物质目录公告》（国家卫生健康委员会、国家市场监督管理总局公告 2019 年第 8 号）

5.《国家卫生健康委员会、国家市场监督管理总局关于对党参等 9 种物质开展按照传统既是食品又是中药材的物质管理试点工作的通知》（国卫食品函〔2019〕311 号）

6.《广东省市场监督管理局、广东省卫生健康委员会关于发布对铁皮石斛、西洋参、灵芝开展按照传统既是食品又是中药材的物质管理试点生产企业名单（第一批）的通告》（广东省市场监督管理局通告 2022 年第 29 号）

7.《湖南省卫生健康委、湖南省市场监督管理局关于做好党参等 9 种物质开展按照传统既是食品又是中药材管理试点申报工作的

通知》（湘卫函〔2020〕251 号）

8.《卫生部关于将油菜花粉等食品新资源列为普通食品管理的公告》（卫生部公告 2004 年第 17 号）

9.《卫生部关于批准茶叶籽油等 7 种物品为新资源食品的公告》（卫生部公告 2009 年第 18 号）

10.《国家卫生计生委关于牛蒡作为普通食品管理有关问题的批复》（国卫食品函〔2013〕83 号）

11.《市场监管总局关于修订公布食品生产许可分类目录的公告》（国家市场监督管理总局公告 2020 年第 8 号）

12.《国家质量监督检验检疫总局关于罗布麻等物品不做为普通食品管理的通知》（国质检食监函〔2010〕716 号）

13.《卫生部关于同意木犀科粗壮女贞苦丁茶为普通食品的批复》（卫监督函〔2011〕428 号）

14.《国家卫生和计划生育委员会关于同意将冬青科苦丁茶作为普通食品管理的批复》（卫计生函〔2013〕86 号）

15.《卫生部关于批准人参（人工种植）为新资源食品的公告》（卫生部公告 2012 年第 17 号）

16.《新食品原料安全性审查管理办法》（2017 年修正）（国家卫生和计划生育委员会令第 18 号）

17.《卫生部关于普通食品中有关原料问题的批复》（卫监督函〔2009〕326 号）

18.《国家卫生计生委办公厅关于餐饮服务环节使用〈既是食品又是药品的物品名单〉之外中药材有关问题的复函》（国卫办食品函〔2014〕355 号）

19.《国家卫生健康委关于修改和废止〈母婴保健专项技术服务许可及人员资格管理办法〉等 3 件部门规章的决定》（国家卫生健康委令第 7 号）

20.《食品药品监管总局办公厅关于非药品经营单位销售中药材有关问题的复函》（食药监办稽函〔2017〕47号）

21.《中华人民共和国农产品质量安全法》

22.《农业部、食品药品监管总局关于加强食用农产品质量安全监督管理工作的意见》（农质发〔2014〕14号）

23.《食用农产品市场销售质量安全监督管理办法》（国家市场监督管理总局令第81号）

24.《农产品包装和标识管理办法》（农业部令第70号）

25.《对北京市人民政府法制办公室〈关于在非药品柜台销售滋补保健类中药材有关法律适用问题的请示〉的答复》（国法函〔2005〕59号）

26.《国家食品药品监督管理局关于非药品柜台销售以滋补保健类中药材为内容物的包装礼盒商品有关法律适用问题的批复》（国食药监市〔2006〕78号）

27.《商务部、财政部、国家税务总局关于开展农产品连锁经营试点的通知》（商建发〔2005〕1号）

28.《农业部办公厅关于豆芽制发有关问题的函》（农办农函〔2014〕13号）

29.《卫生部关于制发豆芽不属于食品生产经营活动的批复》（卫监督发〔2004〕212号）

30.《财政部、国家税务总局关于发布享受企业所得税优惠政策的农产品初加工范围（试行）的通知》（财税〔2008〕149号）

31.《食品相关产品质量安全监督管理暂行办法》（国家市场监督管理总局令第62号）

32.《国务院关于调整工业产品生产许可证管理目录加强事中事后监管的决定》（国发〔2019〕19号）

33.《中华人民共和国工业产品生产许可证管理条例》

34.《食品标识管理规定》（2009 年修订）（国家质量监督检验检疫总局令 2009 年第 123 号）

35.《中华人民共和国产品质量法》

36.《食品添加剂新品种管理办法》（2017 年修正）（国家卫生和计划生育委员会令第 18 号）

37.《食品相关产品新品种行政许可管理规定》（卫监督发〔2011〕25 号）

38.《食品相关产品新品种申报与受理规定》（卫监督发〔2011〕49 号）

39.《国务院关于取消和调整一批行政审批项目等事项的决定》（国发〔2014〕50 号）

40.《食品生产许可管理办法》（国家市场监督管理总局令第 24 号）

41.《上海市食品安全条例》（上海市人民代表大会公告第 18 号）

42.《上海市市场监督管理局关于发布〈上海市即食蔬果生产许可审查细则〉的通知》（沪市监规范〔2022〕15 号）

43.《广西壮族自治区市场监督管理局办公室关于印发即食蔬果和食用燕窝（非即食）两个生产许可审查细则的通知》

44.《河北省市场监督管理局关于印发〈即食鲜切果蔬生产许可审查方案〉的通知》（冀市监规〔2021〕4 号）

45.《上海市市场监督管理局关于在全市范围内推广〈食品生产许可证核发〉（低风险食品）实施告知承诺的通知》（沪市监食生〔2021〕3 号）

46.《上海市市场监督管理局关于在中国（上海）自由贸易试验区内实施食品（含食品添加剂）生产许可告知承诺改革的通知》（沪市监食生〔2022〕128 号）

47. 《卫生部关于食品分装加工及分装食品监督管理有关问题的批复》（卫监督发〔2004〕310号）

48. 《食品生产许可审查通则（2022年版）》（国家市场监督管理总局公告2022年第33号）

49. 《市场监管总局关于印发2022年立法工作计划的通知》（国市监法发〔2022〕50号）

50. 《市场监管总局关于仅销售预包装食品备案有关事项的公告》（国家市场监督管理总局公告2021年第40号）

51. 《中华人民共和国食品安全法实施条例》

52. 《食品药品监管总局食监三司关于〈关于请予明确在食品委托生产中如何确定生产者的函〉的复函》（食药监食监三便函〔2017〕135号）

53. 《重庆市食品生产加工小作坊和食品摊贩管理条例》（重庆市人民代表大会常务委员会公告〔2016〕第56号）

54. 《食品经营许可和备案管理办法》（国家市场监督管理总局令第78号）

55. 《上海市人民政府关于本市禁止生产经营食品品种的通告》（沪府规〔2018〕24号）

56. 《市场监管总局关于加快推进食品经营许可改革工作的通知》（国市监食经〔2018〕213号）

57. 《上海市市场监督管理局关于印发〈上海市连锁食品经营许可便利化管理办法（试行）〉的通知》（沪市监规范〔2022〕9号）

58. 《网络食品安全违法行为查处办法》（国家市场监督管理总局令第38号）

59. 《网络餐饮服务食品安全监督管理办法》（国家市场监督管理总局令第31号）

60. 《食品药品监管总局办公厅关于餐饮服务提供者在网上销售

真空形式包装的散装熟食问题的复函》（食药监办食监二函〔2017〕492 号）

61.《市场监管总局关于发布餐饮服务食品安全操作规范的公告》（国家市场监督管理总局公告 2018 年第 12 号）

62.《国家卫生计生委关于印发有碍食品安全的疾病目录的通知》（国卫食品发〔2016〕31 号）

63.《企业落实食品安全主体责任监督管理规定》（国家市场监督管理总局令第 60 号）

64.《中华人民共和国劳动合同法》

65.《中华人民共和国劳动法》

66.《劳动部办公厅关于〈劳动法〉若干条文的说明》（劳办发〔1994〕289 号）

67.《最高人民法院关于审理劳动争议案件适用法律问题的解释（一）》（法释〔2020〕26 号）

68.《劳动保障监察条例》

69.《关于发布〈查处生产经营含金银箔粉食品违法行为规定〉的公告》（国家市场监督管理总局、农业农村部、国家卫生健康委员会、海关总署公告 2022 年第 20 号）

70.《中华人民共和国标准化法》

71.《国家卫生健康委办公厅关于进一步加强食品安全地方标准管理工作的通知》（国卫办食品函〔2019〕556 号）

72.《中华人民共和国立法法》

73.《北京市卫生健康委员会关于印发〈北京市食品企业标准备案办法〉的通知》（京卫食品〔2020〕4 号）

74.《中华人民共和国消费者权益保护法》

75.《食品安全抽样检验管理办法》（2022 年修正）（国家市场监督管理总局令第 61 号）

76. 《国家食品药品监管总局、国家认监委关于印发食品检验机构资质认定条件的通知》（食药监科〔2016〕106 号）

77. 《食品药品监管总局关于印发食品检验工作规范的通知》（食药监科〔2016〕170 号）

78. 《市场监管总局办公厅关于火腿肠标签有关问题的复函》（国市监食生函〔2019〕1286 号）

79. 《市场监管总局办公厅关于经营者销售生产日期喷码被涂抹的预包装食品案件定性的复函》（市监稽函〔2020〕616 号）

80. 《市场监管总局关于鼓励企业标注乳制品食用期限的公告》（国家市场监督管理总局公告 2021 年第 34 号）

81. 《国家质量监督检验检疫总局关于〈商品条码管理办法〉实施过程中有关问题意见的函》（质检办法函〔2008〕67 号）

82. 《广东省人民政府办公厅关于印发〈加快推进广东预制菜产业高质量发展十条措施〉的通知》（粤府办〔2022〕10 号）

83. 《国家卫生计生委食品司关于预包装食品内调料包标签标示有关问题的复函》（国卫食品标便函〔2014〕227 号）

84. 《食品药品监管总局办公厅关于加强食品销售者现场制售食品监管工作的通知》（食药监办食监二〔2016〕100 号）

85. 《市场监管总局办公厅关于加强现制现售奶茶果蔬汁监督管理的通知》（市监食监二〔2018〕19 号）

86. 《中华人民共和国商标法》

87. 《最高人民法院关于审理商标授权确权行政案件若干问题的规定》（2020 年修正）（法释〔2020〕19 号）

88. 《最高人民法院关于审理注册商标、企业名称与在先权利冲突的民事纠纷案件若干问题的规定》（2020 年修正）（法释〔2020〕19 号）

89. 《国家知识产权局关于印发〈商标侵权判断标准〉的通知》

（国知发保字〔2020〕23 号）

90.《最高人民法院关于审理商标民事纠纷案件适用法律若干问题的解释》（2020 年修正）（法释〔2020〕19 号）

91.《商标使用许可合同备案办法》（商标〔1997〕39 号）

92.《注册商标专用权质押登记程序规定》（国家知识产权局公告第 358 号）

93.《中华人民共和国商标法实施条例》

94.《中华人民共和国刑法》

95.《印刷业管理条例》（2020 年修订）

96.《最高人民法院关于审理涉及驰名商标保护的民事纠纷案件应用法律若干问题的解释》（2020 年修正）（法释〔2020〕19 号）

97.《国家工商行政管理总局关于废止有关工商行政管理规章、规范性文件的决定》（工商法字〔2004〕第 98 号）

98.《中华人民共和国专利法》

99.《中华人民共和国反不正当竞争法》

100.《中华人民共和国广告法》

101.《上海市反不正当竞争条例》（2020 年修订）（上海市人民代表大会常务委员会公告第 49 号）

102.《国家发展改革委、工业和信息化部、农业农村部、卫生健康委、市场监管总局、商务部、海关总署关于印发〈国产婴幼儿配方乳粉提升行动方案〉的通知》（发改农经〔2019〕900 号）

103.《中华人民共和国国家勋章和国家荣誉称号法》

104.《国家功勋荣誉表彰条例》（中发〔2017〕21 号）

105.《中国共产党党内功勋荣誉表彰条例》（中发〔2017〕20 号）

106.《中国共产党党徽党旗条例》

107.《勋章、奖章、纪念章管理办法（试行）》

108.《关于禁止销售“军”字号烟酒等商品的通告》（军后需能〔2022〕236号）

109.《军服管理条例》

110.《全国少工委关于印发〈中国少年先锋队队旗、队徽和红领巾、队干部标志制作和使用的若干规定〉的通知》

111.《共青团中央办公厅、全国少工委办公室关于印发〈中国少年先锋队红领巾、队旗、队徽、队委（队长）标志和队歌使用管理规定〉的通知》

112.《中华人民共和国英雄烈士保护法》

113.《市场监管总局、中央网信办、文化和旅游部、广电总局、银保监会、证监会、国家电影局关于进一步规范明星广告代言活动的指导意见》

114.《地图管理条例》

115.《自然资源部关于印发〈公开地图内容表示规范〉的通知》（自然资规〔2023〕2号）

116.《国管局、中直管理局、财政部、审计署、工商总局关于严禁中央和国家机关使用“特供”“专供”等标识的通知》（国管办〔2013〕59号）

117.《商务部“中华老字号”标识使用规定》（商改发〔2007〕137号）

118.《认证证书和认证标志管理办法》（2022年修订）（国家市场监督管理总局令第61号）

119.《市场监管总局关于发布〈广告绝对化用语执法指南〉的公告》（国家市场监督管理总局公告2023年第6号）

120.《农业部科技教育司关于指导做好涉转基因广告管理工作的通知》[农科（执法）函〔2015〕第18号]

121.《最高人民法院关于适用〈中华人民共和国反不正当竞争

法〉若干问题的解释》（法释〔2022〕9号）

122.《中华人民共和国著作权法》

123.《奥林匹克标志保护条例》（2018年修订）

124.《特殊标志管理条例》

125. 上海市市场监督管理局《商业广告代言活动合规指引》（沪市监广告〔2022〕38号）

126. 浙江省市场监督管理局《明星商业广告代言行为合规指引》

127.《中华人民共和国价格法》

128.《明码标价和禁止价格欺诈规定》（国家市场监督管理总局令第56号）

129.《价格违法行为行政处罚规定》（2010年修订）

130.《规范促销行为暂行规定》（国家市场监督管理总局令第32号）

131.《中华人民共和国烟草专卖法实施条例》

132.《药品流通监督管理办法》（国家食品药品监督管理局令第26号）

133.《药品网络销售监督管理办法》（国家市场监督管理总局令第58号）

134.《中华人民共和国电子商务法》

135.《网络交易监督管理办法》（国家市场监督管理总局令第37号）

136.《网络直播营销管理办法（试行）》

137.《市场监管总局关于加强网络直播营销活动监管的指导意见》（国市监广〔2020〕175号）

138.《最高人民法院关于审理网络消费纠纷案件适用法律若干问题的规定（一）》（法释〔2022〕8号）

139.《中华人民共和国民事诉讼法》

140.《最高人民法院关于适用〈中华人民共和国民事诉讼法〉的解释》（2022 年修正）（法释〔2022〕11 号）

141.《中华人民共和国民法典》

142. 浙江省高级人民法院民三庭《涉电商平台知识产权案件审理指南》（浙高法民三〔2019〕33 号）

143.《中华人民共和国网络安全法》

144.《中华人民共和国个人信息保护法》

145.《国家互联网信息办公室秘书局、工业和信息化部办公厅、公安部办公厅、国家市场监督管理总局办公厅关于印发〈常见类型移动互联网应用程序必要个人信息范围规定〉的通知》（国信办秘字〔2021〕14 号）

146.《国家互联网信息办公室秘书局、工业和信息化部办公厅、公安部办公厅、国家市场监督管理总局办公厅关于印发〈App 违法违规收集使用个人信息行为认定方法〉的通知》（国信办秘字〔2019〕191 号）

147.《上海市市场监督管理局关于印发〈上海市网络交易平台网络营销活动算法应用指引（试行）〉的通知》（沪市监网监〔2021〕576 号）

148.《商业特许经营管理条例》

149.《商业特许经营信息披露管理办法》（2012 年修订）（商务部令 2012 年第 2 号）

150.《商业特许经营备案管理办法》（2011 年修订）（商务部令 2011 年第 5 号）

151.《关于直销产品范围的公告》（商务部、工商总局公告 2016 年第 7 号）

152.《直销管理条例》（2017 年修订）

153. 《禁止传销条例》

154. 《单用途商业预付卡管理办法（试行）》（2016 年修正）（商务部令 2016 年第 2 号）

155. 《中华人民共和国专利法实施细则》

156. 《最高人民法院关于审理专利纠纷案件适用法律问题的若干规定》（2020 年修正）（法释〔2020〕19 号）

157. 《最高人民法院关于审理侵犯商业秘密民事案件适用法律若干问题的规定》（法释〔2020〕7 号）

158. 《市场监督管理投诉举报处理暂行办法》（2022 年修正）（国家市场监督管理总局令第 61 号）

159. 《最高人民法院关于审理食品安全民事纠纷案件适用法律若干问题的解释（一）》（法释〔2020〕14 号）

160. 《最高人民法院关于审理食品药品纠纷案件适用法律若干问题的规定》（2021 年修正）（法释〔2021〕17 号）

161. 《关于进一步加强从日本进口食品农产品检验检疫监管的公告》（国家质量监督检验检疫总局公告 2011 年第 44 号）

162. 《国家质量监督检验检疫总局关于调整日本输华食品农产品检验检疫措施的通知》（国质检食函〔2011〕411 号）

163. 《食品生产经营监督检查管理办法》（国家市场监督管理总局令第 49 号）

164. 《佛山市禅城区市场监督管理局关于印发〈关于规范处置滥用投诉、恶意举报行为的暂行规定〉的通知》（禅市监消〔2023〕7 号）

165. 《宜春市人民政府印发〈宜春市关于规范职业投诉举报行为营造“四最”一流营商环境的实施办法〉的通知》（宜府发〔2022〕18 号）

166. 《宁德市市场监督管理局关于印发〈处置恶意投诉举报行

为暂行规定〉的通知》（宁市监〔2021〕195 号）

167.《市场监督管理行政处罚程序规定》（2022 年修正）（国家市场监督管理总局令第 61 号）

168.《市场监督管理行政处罚听证办法》（2021 年修正）（国家市场监督管理总局令第 42 号）

169.《中华人民共和国行政处罚法》

170.《最高人民法院关于适用〈中华人民共和国行政诉讼法〉的解释》（法释〔2018〕1 号）

171.《中华人民共和国行政复议法》

172.《中华人民共和国行政诉讼法》

173.《最高人民法院关于行政诉讼证据若干问题的规定》（法释〔2002〕21 号）

174.《市场监督管理行政处罚信息公示规定》（国家市场监督管理总局令第 45 号）

175.《市场监管总局关于印发〈市场监督管理信用修复管理办法〉的通知》（国市监信规〔2021〕3 号）

176.《上海市市场监督管理局关于印发〈上海市市场监督管理局关于完善信用体系建设支持企业高质量发展的若干措施〉的通知》（沪市监信用〔2022〕19 号）

177.《食品召回管理办法》（2020 年修订）（国家市场监督管理总局令第 31 号）

后记：成为懂行业的专业律师

律师作为专业服务业，具备专业水平是题中应有之义，这也是社会对律师的合理期待。法律的专业领域有很多，客户所在的行业也有很多，一个律师或者一个律师团队为所有行业的客户提供所有领域的服务显然很难做到（一个律所倒是有可能），就算声称能做到，服务质量也很难保证。在人工智能飞速发展的今天，古老的法律行业也在逐渐祛魅，律师必须作出改变以适应时代，深耕某一个行业、成为懂行业的专业律师就是趋势之一。

ULAWYER 食品律师团队就是在这样的探索中应运而生。团队聚集了一批具有食品行业从业经验以及食品安全监管经验的资深律师，应该说是国内少数深耕食品行业的律师团队之一。团队立足上海，面向全国，秉持“诚信、专业、协作”的理念，为众多食品企业提供优质法律服务，其中不乏三只松鼠、利和味道等知名品牌，积累了相当多的实战经验。出于知识管理的需要，也为了让更多的食品企业能够分享我们的经验，于是有了《食品企业法律合规实务》一书的诞生。

《食品企业法律合规实务》聚焦食品企业特有的法律合规问题，至于各行业的企业都会面临的如公司法、劳动法、合同法等方面的问题则涉及较少。在我们看来，作为主要为企业提供服务的商事律师，公司法、劳动法、合同法应该是基本功，“一专”并不排斥“多能”，因为企业面对的法律问题本来就是多样的，我们为客户代理过的案件涉及10倍赔偿、商标广告、不正当竞争、行政复议、合同纠纷等多个领域，甚至连危机公关我们也参与。我们认为，只在遇到纠纷的时候为企业排忧解难是不够的，为企业防患于未然才是更有价值的事情，所以我们给自己的定位是 more than a lawyer。再上一层楼，就是辅助企业决策、陪伴客户成长、在更宏观的层面为客户创造价值。这也是我们正在做的。

ULAWYER 食品律师团队

ULAWYER食品律师团队成员

后排左起：雷军　蒋荣干　[illegible]

前排左起：胡晓迪　[illegible]　申红艳